08 小事累積成功

01 找碴題分析法

07 分進合擊

考典™
精華攻略版

美國加州大學洛杉磯校區(UCLA)教育學博士
國立大學通識中心「習慣領域」秒殺課程教師

陳膺宇◎著

02 有效記憶術

03 挑軟柿子吃

06 先求有再求精

05 COPY法

04 零碎時間默想法

一次囊括國考、公職、銀行、研究所、各類證照、國營事業的必勝備考法

────── **本書特色** ──────

包括測驗題、申論題、問答題、中英文作文、公文寫作等的備考法。

「地毯式抓題法」教你如何在繁複的材料中，抓出可能會考的所有題目。

「完美筆記法」要求你寫出格式、內容、版面上都無可指摘的申論題。

「期刊論文法」最簡便的方法，讓你的申論題內容獨特而有創意。

◆「逐次剔除法」把你確定會的題目或是內容大膽地刪除。

「作文的分段重組法」讓作文變得簡單而容易，並且超出你本有的分數。

「A3大補帖」將到最後還沒剔除掉的內容，依主題重整，再做「終極剔除」。

「完善而具體的備考計畫」用堅忍不拔的毅力，加上具體完善的計畫而終底於成。

CONTENTS

第 2 章

照著做，穩拿
申論題高分的技巧

CONTENTS

第3章

照著做，
穩拿測驗題高分的要領

CONTENTS

第 **4** 章

作文與公文實戰策略

第5章 設計最高報酬率的「備考計畫」要點

CONTENTS

備考與讀書的五個迷思

只要跟一般人一樣努力並「用對方法」，功課不是很好也能「一次考上」各種考試。

我們常認為功課不好、不太會讀書的人，怎麼能在競爭激烈的考場上勝出？

其實，我們又不是要考榜首，沒必要考第一名，只要和一般人同樣努力，用最有效可以提高分數的方法，就可以在最短的時間內一次考上。

備考跟讀書不一樣！讀書多少有一點看天分，有人天生喜歡念書，考試隨便考也考得很好！可是，不擅長讀書的人，也許功課不怎麼好，但只要動機很強，下定決心，準備的時間還算足夠，再加上「用對方法」，照樣可以「一次就考上」各類公職和國考！讓資優生考榜首，而我們只要考得上就好！因為各類科的公職考試，從來就不會只有一個名額！請相信我：「只要用對方法，你，一定可以一次考上！」

讀書讀得好的關鍵在於「理解」，但考試考得上的關鍵卻在於不斷地多次反覆練習。

很多公職考試的榜首會說：「考好的關鍵在於理解。」沒錯！理解一定有助於考試，問題是「理解不一定就能答對題目」。其實，考上的關鍵在於你能不能「正確答題」；光是「理解」，未必能夠考得上。

準備考試的關鍵策略在於「反覆練習」，練習到熟能生巧，能正確答對問題。能不能正確答對問題，是和你練習的次數成正比；如果過度重視理解，把所有心力放在「先求理解」，勢必減少反覆練習的次數，這對考試不但沒幫助，反而是一種傷害。

我想再強調一遍：備考和讀書真的不一樣！讀書是要「做學問」，工夫要下得深；備考只要「考得上」，技巧要用得好！目的不一樣，當然「方法」就有別嘍！就準備考試而言，「理解」只是要讓課文內容好背、讓考試時能答對題目的「手段」之一而已，它不是「目的」。

如果你以「理解」為最優先，恐怕不等你「理解」完，考期就已經過了！切記：「你要下決心改變備考的習慣！」

改變自己素來讀書的習慣與方法。

　　現在公職考試競爭非常激烈，平均錄取率不到百分之五。大家都認為在這激烈的競爭當中一定要贏得別人才能勝出，一百個人中要打敗九十五個人，剩下的五個人才能金榜題名，這種想法基本上是對的。

　　可是，要贏得別人，卻操在別人手裡而不易得！其實，更務實可靠的是要贏得自己，怎麼說呢？就是不要用慣常「讀書的方法」來備考，要用確實可以大幅度提升分數的方法準備考試。

　　當你能夠「大幅度」地提升自己的成績，就一定可以贏過別人。若跟別人比，人比人氣死人；何況，我們無法掌握別人的情形。要跟自己比：「現在用的方法，有沒有比以前有效？」「備考方法的投資報酬率有沒有提高？」如果能大大地提高備考的投資報酬率，自然就能考上！

　　如果你跟大家有一樣的資質、一樣的準備時間、一樣的努力，卻使用一樣的「讀書方法」，結果就必落入那百分之九十五——一樣的落榜！所以，最可靠的方法是改變「自己」向來「讀書」的「習慣」與「方法」！因此，從現在開始就要下定決心：「自己跟自己比！」

讓每天都因小事累積成功，而有成就感、有信心、有盼望。

大家為考試而考試，過程實在辛苦也枯燥乏味，可是你一定有辦法把它轉變為有意義而又有趣的事！怎麼說呢？

腦神經科學的實驗證明：當一個人面對困難的挑戰並順利的解決時，大腦會分泌多巴胺而產生一種快感。

所以，如果你的備考計畫能夠設計出每天詳細的讀書進度、具體的目標，然後用有效的方法達成，你勢必能夠「在小事裡面累積成功」。

那麼，當你每天能夠一步一步的達成目標時，就產生更多的成就感，那時候內心很充實，心情也會變得很好，這就是準備考試的過程中產生快樂的一個祕訣。總而言之，要「用對方法」加上最高投資報酬率的備考計畫，很有效率完成把每天的小目標，你就會有成就感、有信心，也更有期待。

這樣，準備考試的過程就能由「憂」轉「優」，變成有意義而又有趣的活動！因此，你可以把備考的過程當作是這輩子最有樂趣、最有意義的大事，而且信心滿滿地告訴自己：「我，一定考得上！」

第 **1** 章

想要一次上榜
不能不知的
九大心法

心法
1

不要普考、高考一起準備，兵分兩路，你絕對都居「劣勢」！

其實，備考和打仗滿相近的，打仗的時候，如果兩軍的兵力相等，如何打勝仗？

關鍵在於集中兵力於一點的機動力——就是你機動力強，當敵人還是分散時，你已把兵力集中在要打擊的那一點就對了！

如果在兵力上居於劣勢，人家有一萬人，你只有五千人，那你「更要」集中兵力在某一點上，以便形成相對的優勢，才有打勝仗的可能！

那麼，為什麼高考不能與普考一起準備？因為考試日期連在一起，普考是七月四、五號，接著高考是六、七、八號，中間完全沒有喘息的工夫！你如果想要兩個一起考，把普考當作練筆，那可以；若兩者都要一起準備，就太浪費時間了！

何況，就是兩個都考取，你也只能二擇一。而且普考、高考所考的科目不一樣，出題的方式也不同；即便考試的科目都一樣，考試的方式還是不同！

有些科目考測驗題，有些科目卻考申論題或各佔一半。如果兩者考試的方式都一樣，那我贊同一起準備；但是，哪怕只有一科的考試方式不一樣，我仍然認為不宜一起準備，因為那一科你又要多準備起碼五十個小時以上，那是很珍貴的一段時間！

我知道很多人都是同時準備高考與普考，可能認為同時考兩個的機率大一些。而普考大都考測驗題，好像比較簡單，不過考的人比較多，所以在不敢確定哪個考取機率高的情況下就碰碰運氣。

在我看來，這是很錯誤的想法，因為在這樣激烈的競爭下，不應該為了那個無效的考試（因為你考取也沒用）而多浪費至少五十個小時以上，事實上，你沒有多餘的時間可以浪費！

心法
2

不輕易畫線，但多做連結、比對與
「找碴」。

　　除了不要盲目地找重點、畫底線，更要了解有些地方不要畫
線。

　　第一，「不會考的」不要畫線：我們都習慣只要看懂意思、
找到要點就猛畫線；其實你可以自己出題目，看看這些要點會怎
麼出；若沒辦法出就不會考，那就不要畫線！

　　第二，「已經會的」也不要畫線。雖然這題會考，但是這題
在你的習慣領域中已經會了，就不要畫線。為什麼？因為畫了
線，下次就要花時間看，而我們要把精力集中在「會考但還不會
的」內容上，或是「雖然會，但是容易和其他題目搞混的」內容
上。

　　所以，不要再花時間在那些「不會考的」，或是你「已經會

的」內容。

　　每回看到同學的課本上畫了密密麻麻的線條，我就揶揄地說：「你真用功哩！畫了這麼多線。」同學會問：「看書不是要畫重點嗎？」我會反問：「重點有那麼多嗎？」而且，「重點都會考嗎？」「如果不會考，幹嘛還畫它？」「如果會考，它的題型怎麼考？」「如果這樣考，你會不會？」「你又會不會和其他的搞混？（特別是「找碴題」）」「你要怎麼做分析，才不會搞混、才能背得起來？」所以，看書時要畫連結、比對的「關係線」而不是「底線」，這才是準備考試的要領，之後我會以專門章節舉例說明。

　　從小，老師就教我們要找重點、要畫線。可是，準備考試卻需要多做分析，分析這件事和那件事有什麼連結，分析這個人所講的和那個人所講的有什麼異同，甚至分析出題老師可能留下什麼陷阱來「找碴」。

心法
3

千萬不要一直針對困難的、不會的內容死背！要善用逐次剔除法的核心策略。

打仗先挑「弱」的打，吃柿子先挑「軟」的吃，因此剔除時要把簡單的、快要會的優先剔除！

一般讀書或是備考都是先把不會的挑出來猛背，背好幾次後，既不確定能不能記熟，也不能確定考試時能不能寫對，這其實是錯誤的方法！

有一個最好的策略就是不要針對「不會的」，而是針對「會的」：「確定會的」、「早就會的」，或是「一想就會的」，只要不是猜對的，你就可以放心把它剔除掉。

相對的，「還是不會的」或「只是猜對的」，就把它留到下一次再看（當然還要簡單分析一下：「為什麼還不會？」）。

當第二次複習時，你把「不會的」和「猜對的」再重新作答

一遍，如果變成「已經會的」，就再剔除掉。

所以，你是挑「簡單的」、「快要會的」優先剔除，而不是一直針對那些「困難的」內容，背五次、十次……下死勁猛背！兩種不同的作法在心理上的感覺絕對不一樣！

一個是「為什麼我總是背不起來？」另一個則是「今天又剔掉了好幾題！」心情不一樣，備考的效果就如同「一個是天上的月亮，另一個是地上的烏龜」──看來都是圓的，但是差很大！

心法 4

不要一直看著書背誦，先想後看，想得起來才是你的！

　　答題的時候是先有「架構」，然後再補充詳細的「內容」。平常默想時，把題目或內容先瞄一下，不要看得很仔細，馬上就開始「用想的」。

　　如果你很快就「想」得出來，那就可以放心地把它剔除掉！如果是先「看到」答案或內容才會，那就不是「真正會」，就不能剔除。

　　這個雖然是小事，但是很重要！你千萬不能一直「盯著書」背，要試著「用想的」，想得快、想得精確，那就是「真正會」！有人表示，為什麼剔除的題目還是會忘掉？關鍵就是因為沒去「想」，而是「看著書」在背！

不要測驗題、申論題同時看！一起看，一起亂！

　　我主張不要把測驗題和申論題一起看，怎麼說呢？因為兩種題目的考試方式不同，看書的方法也不應該一樣！當你在準備測驗題的時候，你要做「地毯式抓題」，課文要看得很深入、周密，像「掃地毯」一樣，要找出某兩個命題或陳述語的相關情形（正相關或負相關），要看得很仔細！至於申論題則要抓綱要及關鍵詞，不需要很深入！

　　同樣在記憶方面，測驗題要記它們的關係，申論題卻要記整個論述的重點，目標不同，方法、技術都不一樣！若你在看課文時，將測驗題、申論題同時看，以為省事，其實會造成兩者都搞不清楚；你以為把書看懂了，但既不知道它會出測驗題或申論題，也不知道怎麼出，備考效果就不好！

心法
6

運用有效的「記憶術」，將難記的項目變得容易背且記得久。

　　「諧音口訣術」是很好用的記憶術！記得「八國聯軍」吧？「餓的話，每日熬一鷹」（「俄德法，美日奧義英」），一輩子都會記得！又，比方行政學上根據克拉馬（R.M. Kramer）的看法，非營利組織扮演的角色如下：

　　1.先驅者，

　　2.改革者或倡導者，

　　3.價值守護者，

　　4.服務提供者。

　　以上這四項要怎麼背？死背背不來！你可以將第一個字連起來：「先、改、價、服」；然後發揮創意，調整為「先、改、嫁、符」──某小姐，先改名再嫁給姓符的。或修改成「先、改、

家、扶」——某部長，是孤兒，一上台就先改善家扶中心的福利政策。

取第一個字（或有些取關鍵字）再串起來，若沒什麼意義，再改成諧音，創意聯想成一則小故事，就容易背且記得久了！

「圖像聯想術」也是常用的技術，就如行政學上羅斯（Richard Rose）所指出的：政府是由法律、稅賦、公務員、組織、計畫五項基本要素所組成，你可以把這五者想像成身體的五個部位。

例如：計畫是「頭部」、組織是「軀幹」、公務員（人）是「右手」、稅賦（錢）是「左手」、而法律是「雙腳」——才能依法「行」政、「走」得出去！

我們的「身體」各部分可以用來聯想記憶的，有五到十項之多。

「意義聯想術」也很管用！例如書上指出行政組織之病象有五項：

1.規模過分龐大，

2.法規過分森嚴，

3.權力過分集中，

4.白京生定律，

5.寡頭制鐵律。

怎麼背才記得久？你可以把它們化為有意義的故事，例如倒過來想：

有個練「鐵頭」功的總管，名叫「白京生」，他「大權」在握，統管門禁「森嚴」、「龐大」的古堡。

其實「白京生」是一位英國教授，他常在知名的雜誌上，以輕鬆、諷刺的筆調討論現代行政組織的一些問題，例如政府首長多喜歡增加用人、機關年代越久職員素質越低並且行政效率越差等病象。後來這些文章收輯成專集，而有「白京生定律」（Parkinson's Law）的美名。

上述這種有意義的聯想，如果加上「圖像聯想術」，想像一個光頭的總管「白京生」，手上拿著一大串鑰匙，站在門禁森嚴的大廈門口，神氣活現的樣子，就更加有利記憶嘍！

最後，「地圖聯想法」是我的最愛。記得大一時，中國通史考一題問答題：「王安石推行的新法有哪十項？」全班只有我一個人全答對！

我把這十項按照我小時候住的鄉下地理環境整個聯想、套用了一下：

我家住三合院（1.設置「制置三司條例法」），走出來右邊就是池塘、灌溉用水溝（2.興農田水利），左邊就是馬路（3.行均輸法），再往前，右邊的稻田正在收割以還債（4.行青苗法），左

邊的稻田沒有農夫在那裡，因為免役（5.行免役法）；走到半途中，左邊小雜貨店正在交易（6.行市易法），右邊是有名的「狀元莊」，莊主靠放租田地來收稅（7.行方田均稅法），也養了些壯丁保護家園（8.立保甲法），還養了很多馬來巡視村莊（9.行保馬法）；最後，終於到達了「僑大先修班」（目前是「空中大學」現址）（10.更貢舉立太學三舍法）。

因為地圖環境是確定而熟悉的，直到四十幾年後的今天，我還約略背得出這十項來！

以上四項記憶術只供參考，讀者應該可以發掘更多好用的記憶術，並且用自己的創意、經驗來編故事，必能好背又記得久。

善加運用平常的零碎時間默想！零碎時間加起來可能比正規時間還多！

　　平時零碎時間的善用很重要！一般來講，備考的第一階段大概佔有全程的五分之四或四分之三以上，比第二階段逐次剔除的時間多了很多！這段時間的零碎時間如果沒有充分運用，就太可惜了！

　　所以，每天早上起床盥洗的時間、等車的時間、開會等簡報的時間、中餐用完散步的時間、午休的時間、下班交通的時間、洗澡的時間、就寢前的時間等，要充分運用「默想法」，把準備的材料（筆記）深深地印在腦海──「你想得起來，就是你的！」千萬不能虛耗這些時間！

以「最高投資報酬率」設計備考計畫

　　最後，我們對於備考計畫要做最有效的「策略性」安排：最可能會考的先念；不好背的，平時就要利用「零碎時間」背誦，背不起來的最後考前一小時才來背──十足顯現「功利性」及「高效性」！

　　嚴格說起來，這不是讀書計畫，而是純粹的「考試準備計畫」，但求合理、合法地「考上」，不問其他！這個計畫是綜合性的：運用「抓題法」找重點，不會考的不念；利用「逐次剔除法」把「真會的」剔除掉，從此不相往來；「多次背不起來的」或「容易搞混的」，留到最後一小時才來死背！

　　這個計畫要貫穿「一次考上法」的各個特點，把時間、空間、體能狀態、心理情緒和記憶能力等全都納入考量。

心法
9

千萬不要設計（施行）一個不具體、
不可行、不管制的備考計畫！

一個每天都可以達成具體進度的備考計畫，是信心、喜樂與
動力的泉源，也是金榜題名的最大保證！

人家說：「先處理心情，再處理事情。」可是，偏偏心情最
難處理！我建議從「小事情」先開始處理，怎麼說呢？

如果今天你按照備考計畫能夠有效執行並趕上進度甚或超過
進度，就會覺得很高興！如果每天都能有這樣的「成就感」，就
能增強自己的信心和動力，無形中累積成功的因素而終致金榜題
名——這是行為影響感情理論。那麼，如何讓自己有成就感？備
考計畫很重要！

備考計畫具不具體、可不可行、能不能按時達成？你要把
自己到底有多少備考時間、有多少備考材料（你要念到什麼地

步），都換算成相對應的時間，然後將兩個時間調整成相符之後，再設計每天（或上午、下午、晚上三段）具體地要做多少題申論題？或測驗題要看多少頁？如果每天都能念完並切實執行，你就一定會考上！

也就是說，如果你可以策畫出一個具體、可行的備考計畫，而且能夠每天按照進度達成，這就是最好的心理建設，也是成功勝出的最大保證！

第 **2** 章

照著做，
穩拿申論題
高分的技巧

完美筆記必須堅定「題目取向」；若先「看書」，純粹浪費時間。

　　準備申論題的第一個策略就是「題目取向」，一開始就抓一百大題來做申論題的完美筆記！

　　千萬要先「抓題」，不要先「看書」，因為「先看書」太不符合「投資報酬率」！除非你對這科目「毫無所知」。但如果確實「毫無所知」，就不該選考這一科。

　　有讀者問我：「您說不要看書，而是直接抓出書中出題的重點與方向；若真要看書，也僅需瀏覽即可。可是，若對於該科內容不熟悉，甚至在毫無所知的情況下，如果不先看書，恐怕無法直接抓到考題的重點與出題方式。若直接抓題、解題，恐怕會發生因對課文整體內容不夠熟悉，而完全無法作答的情況，該怎麼辦？」

我不是要大家別看書，而是主張不要一開始就「先看書」；要「先抓題」後，再「有重點地看書」，再做「適當的理解」，再去做「完美的筆記」。我希望能矯正大家「看完書」（即使看了好幾遍）卻無法寫出完整答案的毛病，以及脫離「書都還沒有看完，考期已到」的夢魘。

一般我們從小的習慣就是先看書，從第一個字看到最後一個字，只求「看懂」文字上的意思，從來不知道或不去思考：「題目會怎麼出？」以致真正上考場答題時，在時間和氣氛的雙重壓力下，根本無法完整作答，更難寫出獨特的見解！

閱卷老師不會管你讀了多少書，只會從你的答案中看你是不是理解考題；所以，你只要「答對」了，有沒有先「看懂書」是無關的！但如果你真的不放心一定要先「看書」，我的建議是：一週之內，就把五百頁的教科書「瀏覽」完畢！因此，請你先「抓題」（最好每科抓一百大題申論題），再從題目中去「看書」、去「理解」、去做「完美的筆記」。

總而言之，「先抓題，後看書」的策略是就時間的掌握與分數的高低兩方面的優先考量。至於有讀者表示「潛意識總有沒把書看好的罪惡感」，那就不必了！你花了很長的時間看書卻沒能抓到重點，還是「霧煞煞」，一問三不知，考試也考不上，才應該有「罪惡感」哩！

技巧
2

找齊「考古題」是關鍵。

　　考古題是最重要的「內容與題型」！不管任何考試的書籍都強調「考古題很重要」；有的甚至說，七成以上的考古題會成為當屆的考試重點。在中國大陸，他們把考古題叫「真題」，意思是說這些題目「真的考過」，也「真的會再考」，很傳神！很多考古題是換個方式重複出題，所以要把近十年的考古題都蒐集後，分析出題的趨勢和範圍，並知道重點落在哪一章、哪一節。有些考題甚至就是考古題稍微轉換形式，答題內容基本上是一樣的。總之，考古題是基本盤，一定要掌握！

　　若你把近十年的考古題蒐齊，扣除重複的，應該會有三十「大題」左右。「大題」是指包含這一題相關的各種小問題，比方談到「非營利組織」，包括它的定義、角色功能、特徵、類

型、重要性等五小題，應統統列為一「大題」的筆記；雖然真正考試時，可能只考其中的二到三個小題。

有些考試的考古題就公布在網站，有些則不公開。所以，設法認識已經考上的學長姊也是一個關鍵因素；如何讓他們願意把所有準備的材料（如考古題、筆記、書單等）都讓你複印一份，就是你的本事！

有些「有心的」考生，甚至在前一年相關考試的考場，就去做「考生服務」，設法認識當年正在考試的「學長、學姊」，然後把他們所有的材料「繼承」下來——這種人，不成功也難！如果你實在找不到這樣的人，就請你上相關網站，比如考選部的網站、PTT的國考版，搜尋可能出題的老師名單、每一科最可能出題的參考書（所謂的「帝王教材」），以及考古題或是出題的方向。這方面的工夫下得越多、找的資料越有效，所獲得的投資報酬率就越高！

技巧
3

掌握「出題方向」更有優勢。

　　如果能猜得到可能出題的老師名單，那就太好了！因為你就可以掌握到「出題方向」。設法蒐集出題老師的授課大綱、博碩士班考題、大學部期中、期末考考題，以及這些老師近年來的期刊論文和各種研究報告等資料。

　　否則，也要設法認識相關領域的研究所研究生或助教等學長姊，向他們請教這一門的最新資訊，如授課老師、教學大綱、教科書、補充講義、上課筆記、考題等。

　　我把能夠精確了解相關考試消息的人戲稱是「臥底者」，其實，這種人角色很多，如果是研究所的考試，就是已經考上的學長、學姊，或是系所的助教、老師；如果是公職考試，所謂的「臥底者」，就是已經考上的前輩們。這些人有應試的經驗，只

有他們最了解考試要看什麼書，每一科要看幾本書，也了解考古題的出題方向，以及考試該準備的資料等。所以花時間找到「臥底者」，比什麼都重要！當然，現在補習班都做得很好，很多老師會為大家準備這樣的資訊。

如果不能去補習班上課，補習班的一些考試用書會把歷屆各科的考古題還有各家的教材做綜合整理，對申論題的準備方向就有很大幫助，建議可以買他們的專書或參加「考前衝刺班」一到兩週。

從以上的幾個管道，再加上自己的判斷，每科選出一百「大題」，把它們按照課文順序地勾（或寫）到一本書上面去，然後從頭開始一題一題地做「完美的筆記」。

即便坊間已有很多題解書，但還是要
準備專屬自己的「完美筆記」。

　　補習班出版很多彙整各家說法的考試用書，也蒐集了每年的
考古題並附上題解，答題的內容很完整，為什麼還需要自己做申
論題筆記？即使做了筆記，怎麼知道自己的答案對呢？

　　有人會有這些疑慮不難理解！備考的時間很有限，每題都要
做一百大題的完美筆記需要很多時間，而且做完又不代表已經熟
練！但我必須強調：「雖然做完美筆記要付出相當代價，但這是
最穩當且投資報酬率最高的辦法。」

　　我堅持一定要「自己」做筆記（但可以考量使用「完美的筆
記法」或是「卡片筆記法」）的理由如下：

　　首先，題解是別人寫的，不容易熟記。別人寫的文字不是自
己的思維理則，離自己的習慣領域很遠，較難理解，更難以背

誦；若僅是依自己看懂的寫個大概內容，分數不會很高！

第二，一般題解書每題的篇幅很多、內容很複雜，臨考作答時很難取捨。大多數參考書為了讓學習者有參考的必要，蒐集的材料越多越好。問題是：真正考試時，答一題的篇幅只有兩頁、四十四行，題解書一題的內容也許可以寫上一百二十行，若非用自己的筆記先篩選精鍊的內容後再熟記，就無法回答得「完美」。

第三，若不乘機熟練「手寫」的習慣，臨場時的下筆速度就快不起來。我國各階教育過程中的考試，較少重視申論題寫作。我曾經試過不下百人，請大家運用OPEN BOOK的方式寫一題申論題，結果真正能在三十分鐘內寫完兩頁、四十四行的人，只有一個！

所以，如果我們仍然不重視申論題的寫作練習，勢必無法寫得快速且完善，甚至寫一個字都還要想半天。

第四，用手寫整理筆記可以加深記憶。腦神經科學顯示：觸覺對記憶的優越性遠大於視覺，故以手寫的方式有利於考試內容的記憶與熟練度。

第五，親自完成的作品有趣又有動力。親手寫的、整理的筆記，才有充實感、成就感，進而引發自信心與喜樂心，每天快快樂樂地讀書、信心滿滿地備考，這更是一大驚奇！

請記住，「會寫」比「會讀」更重要！完成抓題的程序後，就要開始把一百大題盡量寫、拚命寫，考試時才不會不知所措，才能擁有最大的勝算！

技巧 5

抓題的優先順序：先考古題，後定題解題，最後再做考前猜題。

申論題一百大題要怎麼抓？先找考古題，再找題解書題目（合併成大題），接著憑自己判斷抓齊足夠的題目，最後還要猜時事和專業期刊的新題目。

不過考古題需要蒐集跨不同類科的相關題目嗎？有個讀者很具體地問了以下兩個問題：

第一、準備申論題一百大題時，若是高考，也可以從普考及地特四等的歷屆考古題中找嗎？還是只看高考和地特三等的部分？

第二、若報考高考人事，找申論或測驗題考古題時，同一科目（如：心理學）其他類別（例如政風的心理學、警察的心理學、財經的心理學）的考古題都要看嗎？還是只看歷屆的人事心

理學考古題？

我認為要優先找最近的幾個年度以及與該科目相同等級的考古題（例如高考、地方特考三等的行政法），其次才是不同類別與等級的題目（例如普考、國營事業、其他特考的行政法）。不過以上這兩類最多只抓五十大題，另外五十大題要從教材或補習班出版的題解書找。

很多書局有賣各科的申論題參考書，內容按章節分列、主題分類、類型化方式編排。若直接從該類型參考書中挑選一百大題做筆記，就可以不用再收集十年來的考古題（跨類科）。

補習班最具優勢的是資訊和彙整功能；而其出版的書中，申論題的題目很有用（尚需合併成大題），但答案不一定全對或最好！你必須自行撰寫並隨時增加有用的材料，如其他各家的說法、報章上的案例、政府公布的統計數字、自我心得等。如果有時間，抓題越多越好，否則，至少要五十大題。

總之，一百大題是個概念——接近百分百地可以猜中兩題（以上）。當然，如何選擇題目，是能力也是工夫嘍！

另外，考前猜題很關鍵，你很可能猜中四題中的一題！考前猜題有兩個面向：一是時事議題，另一個是命題委員發表在專業期刊的論文，或在他授課的研究所考題、相關研討會的論文和國科會的研究報告等。其中，時事議題和專業期刊論文最有可能！

你可能不知道要看什麼期刊，沒關係，你可以用關鍵字從國家圖書館編撰的期刊論文索引電子檔尋找，例如，移民特考就用「移民」，警察特考就用「警察」，人事行政就用「人事行政」，找到這些文章在哪些雜誌或期刊上之後，再回過頭找那些期刊，很快地查閱一遍該期刊的內容，就可以蒐集到不少有用的文章。但是要記得，國家圖書館編期刊是在這期刊出版三個月以後，所以，最近三個月以內最新的期刊要親自到圖書館借閱才能看得到，從電腦上是查不到的，這點千萬要注意！

不會遺漏重要內容的抓題法。

　　有五個抓題與答題的方法：第一、要從題目找答案；第二、要照著自己理解的文字做筆記；第三、太長的刪減、太難的不要；第四、沒有題目的段落或頁數不用看；第五、要在時間限制內完成。

　　其中第二、第三個方法不是用自己的語言，而是理解課文內容後，用合乎自己思維邏輯的精鍊文字做筆記；其他的贅詞、多餘的文字不要，懂的東西不要寫（除非它很重要）。你可以把看不懂的先打個問號，有機會再找解答或請教高手。

　　第四個方法「沒有題目的段落或頁數不用看」：這當然要有點「功力」，才知道什麼內容不會考。例如，出不了題目的不會考，或題目太小、不重要的也不會考。

以申論題而言，「不會考的」內容或頁數，遠遠超過「會考的」，這就是何以要「先抓題，後看書」的一項主要原因：省下時間用在刀口上！

至於第五個方法「要在時間限制內完成」很重要！一般「先看書」的缺點是：漫無時間限制地看書，頂多只是計畫一個月或兩三個星期內把這本書看完。

其實，做一題「完美的筆記」最少一小時、最多兩小時就要完成，每天若念書十小時，每科一百大題最少需十天（兩週內）、最多二十天（三週內）就可完成，比起「純看書」的報酬率不知高了好幾倍！至於那些做一題筆記就要花一整天的人，就不足取了！

技巧
7

用「逐次剔除法」克服六百題申論題
筆記。

　　如果每一科都做一百大題的完美筆記，扣除共同科，可能最
多有六科要做筆記，總計有六百題筆記。那麼，要用什麼方法
才可以將六百題筆記在考試當天都完整的運用出來？那就是要用
「逐次剔除法」。

　　考前一個月，通常除了要抓一些比較新的、時事性的題目之
外，多餘的時間應該幾乎都用來執行「逐次剔除法」。比如，手
上有每一科各一百題申論題的筆記，因為平常零碎的時間都在默
想，所以每一題差不多都有五分熟。如果今天安排複習哪一科，
就把單張的筆記拿出來看題目，若能很快地就把內容完整地想出
來，就可以把這張的題目剔除。因為這代表你對這題的內容完全
記得。以一科一百題的筆記來說，在第一次剔除時，你應該可以

剔除二十至三十題，因為你之前都在使用「默想法」複習。

　　若以第一次剔掉二十五題來計算，還剩七十五題；當第二次再剔掉二十五題，就剩五十題；等到第三次再剔除二十五題，就剩二十五題了！通常考前一個月，你的時間應該可以安排剔除的次數到三次以上。所以，到考前一晚，你手上還要剔除的一科應該剩下二十五題左右。這二十五題對你而言，代表特別難、也特別複雜、容易搞錯的題目，基本上是你習慣領域之外的東西，是你的「盲點」。

　　如果你當天晚上有時間再剔除一遍，看是否能將這二十五題剔除到剩下十五題；若沒有時間，就等隔天早上。利用考前一個小時，把二十五題或十五題克服，這個不難！你甚至可以用死背的方法把它們背起來，等到一上場有這幾題，很快的就把標題寫下來以免忘掉。

　　依據我的經驗，哪怕時間非常短，你在考前十分鐘或三十分鐘內，把這些最難的、最不容易背的、最複雜的十題、十五題解決，是絕對有可能的！也只有用「逐次剔除法」，你才有可能把這六百大題的各科申論題筆記完全地背起來，進而在考場上百分之百地運用出來。

善用A3大小的國考格式模擬卷，以利熟悉作答的行距、篇幅以及臨場感，有效增強實戰經驗。

　　做申論題的「完美筆記」時，我建議使用「國家考試申論題空白模擬試卷」（書店有賣，在考選部網站也可下載），每頁有橫隔二十二行，A3或B4紙（最好用A3）可印一面兩頁、四十四行，剛好是正式考試每一題的分量；但在背面也要印出行格（加起來四頁、八十八行），才夠做一題「大題」筆記的篇幅。

　　至於建議A3活頁國考用答案紙，是因行距、篇幅都一樣，可以練筆也好記憶，也較貼近考場的氣氛。

　　人是習慣的動物，不習慣這樣的行距、格式，就會差人家一點點，這樣的一點點正是「失之毫釐，差之千里」。

　　因為在國家考場上，競爭相當激烈，作答的好壞雖在一線之隔，但差○‧一分卻能決定生死，所以要養成在國家考試用紙上

作答的習慣，差一點都不行！

　　當然，我們原本並不習慣用這種考試紙，因為從小我們使用的是成冊的筆記本，雖然也有用活頁的筆記紙，但行距都比較窄，篇幅也比較少，可是國考就是要你寫兩頁，差一點，分數就差了！所以，不管是行距、編排的方式、篇幅的考量，我建議一定要用A3兩頁、四十四行的國考模擬答案紙來加強實戰感。

　　然而，為什麼要用活頁紙呢？第一，活頁紙可以隨時補充材料。你雖然是從參考書或教科書裡找答案，可是隨時要補充，包括其他書上看到的內容、上課老師講的資料，或是報紙上新聞報導的資訊，甚至自己一覺醒來的心得。若要臨時加上去，活頁紙比較好加。

　　不過國考答案紙兩頁印成B4就夠了，為什麼要用A3的格式呢？A3的紙比較大，上、下、左、右都可留白，方便在空白處加資料，不需要翻到後面補充資料（省得翻來翻去），也不需要用便利貼（因為容易掉）。

　　使用活頁紙的第二個作用是方便使用逐次剔除法。正規考古題一題只要一張一面、兩頁就夠，一「大題」的筆記大都也只要一張兩面、四頁就可以了；活頁一張被「剔除」時，就可以很方便地擺在一邊，如果用筆記本，將來要剔除就不方便了！

仔細準備解釋名詞、問答題,千萬不能輕忽。

準備申論題的時候,千萬不要忽略解釋名詞以及問答題。因為在申論題的題型中,四題中可能有一題會出解釋名詞,並且包含五則解釋名詞,一則佔五分。

如果我們發現考古題中曾經出過解釋名詞,代表再出解釋名詞的可能性很高;但如果考古題中都沒有解釋名詞,代表都不會出解釋名詞嗎?不見得,偶爾也會出個一、兩次解釋名詞,何況解釋名詞也可以當作申論題出題。

比方,如果考國際政治或是考兩岸關係,要你解釋ECFA這個名詞,也可能以申論題的形式問你:

「什麼是ECFA?ECFA對我們國家整個經濟形勢與發展有沒

有幫助？試評論之。」

　　如果你連ECFA都不知道是什麼意思，如何評論呢？這個就是解釋名詞型的申論題。國際政治還有「後現代主義」的國際政治理論，如果你連「後現代主義」都不知道是什麼意思，就很難著手論述。所以，準備申論題題型時，不要忘記每一科要準備三十到五十題的解釋名詞題型，特別是有英文字的專有名詞。

　　要怎麼準備呢？不要像申論題做「完美筆記」（有前言、有結語），只針對這個名詞解釋，有五行字就可以，頂多十行。

　　有些科目不見得會出申論題，可能是出問答題十題，一題十分，這肯定是簡答式的問答題；或是出個六題，一題十五分，有兩題各二十分，這也是問答題。

　　要看出題數多少、配分多少，再決定作答的行數。比方，有一科出六題的問答題，這樣的問答題要爭取高分，寫的字數和行數就要算進去，一題起碼要一頁。原則上，這種考試寫多比較佔便宜。如果這科全部是簡答題或是問答題，那準備五十至一百題的完美筆記恐怕不夠，至少要準備兩百題，但是字數都不必超過一頁。

　　考前一個月要特別找一些專業期刊，或是報紙上出現的一些專有名詞，因為最新出現的名詞很可能考一、兩題。例如考法

案，NCC剛訂了一個什麼法案？如果法案的內容都不知道，你
要如何評論？解釋名詞、問答題、解釋名詞型的申論題，都可能
和時事議題有關，不要遺漏了！

技巧 10

同樣主題的題目要併成一大題,以便有系統地撰寫筆記。

　　何謂「一大題」的分量或範圍呢?就以「現行考銓制度——政務官」為例,我將政務官相關的考點整理出來,共有三題如下:

1. 政務官的定義為何?政務官與事務官有何區別?兩者產生衝突的原因何在?

2. 政務官適用的法制為何?現行適用法制的缺失與改進方法如何?研訂「政務人員法」應考量之內容為何?

3. 「政務人員退職撫卹條例」中與儲金撥繳、退職給與的相關規定如何?「退職撫卹條例」造成延攬人才擔任政務官的原因如何?

不知所謂「一大題」係指這三題合在一起，抑或依適當篇幅視為三大題？

以我所建議使用的A3大小國考答案紙為例：

A3一面有兩頁，計四十四行，一張若「兩面印」，共計四頁、八十八行。正式的考題（約有二到三個考點或小題目）最多可寫到兩頁、四十四行；一大題（可能有四到六個小題目）就可以寫到兩面四頁、八十八行。

所以，若上述第一題就只能寫一面兩頁、四十四行（寫到兩面、四頁太多了），臨考時才能完整地「COPY」上去。

至於「一大題」的概念是：同一類型的題目要集中，才能有助於系統性的了解；至於要寫成A3一張、兩面、四頁，甚至兩張、四面、八頁，要看小題目（考點）的多寡而定。

另有會友子馨創立了很有用的主題蒐整法，她的說明如下：

> 我想跟大家分享更有效率做完美筆記的方法：「主題蒐整法」。
>
> 大家開始寫該章節的完美筆記前，一定要先分析該章節前十年的考古題，這時大家就會發現一件事：
>
> 同一個主題觀念會被拆解成各小題（小觀念）再重新組合成新題目，出現在不同年度、考試類科，甚至跨科

目。那我們是不是也可以再把這些小題的觀念（分段的筆記）再彙整成「一個主題」的觀念，統整在一張正反兩面的A3筆記裡？

甚至再進階把相關的資訊（例如期刊論文、解釋、判例、時事等）也一起補充在空白或背面處。如此一來，將來不管命題老師出再活、再細的題目，我們都有辦法解題，而不會被題目的框架所限制。

這樣的作法還有以下優點：

1. 一個章節的筆記只要簡化成幾個重點主題去寫，一次分析完所有關於這個觀念的所有考法，一次理解完整的觀念內容。

2. 一個主題筆記可囊括多題考古題，提升分析所有歷屆考古題的效率。

3. 可縮短一再重複分析並合併題目、重複再寫同一個觀念筆記的時間。

4. 把主題跟主題間的關聯性再做比較、分析，一起融會貫通、加深印象。

5. 執行第二階段剔除法時，就可以一起背誦、一起剔除！

技巧 11

一般申論題的寫法不可缺少前言和結論（法科除外）；前言和結論有各種不同的寫法。

　　原則上，配分十分或十五分的題目算是問答題，可以不加前言和結論；配分二十分以上者，就算是申論題了！

　　一般國考申論題都要有前言與結論。惟有法科的申論題可以不必講究，因為法科有關法律條文的條旨、條號或是事例等相當繁複，前言和結論可以省略。

　　其他的申論題都要有前言和結論，特別是寫申論題時，要「站在巨人的肩膀上」，把該學科專家中最好的言論呈現出來。所以，申論題最好要有各家的名言。

　　有些人很聰明地把名言就放在前言的位置，甚至是第一句話。不管是從書上或是從老師口中說出的名言，他就把它們做成小筆記，也許每一學科裡有十句、二十句名言，其他學科也可以

應用上，臨考場時，就把名言寫在前言裡，這叫前言的「名言法」。

還有幾種前言的寫法：像「引用名家法」，引用專家的論述；「名詞解釋法」，從題目中的專有名詞解釋起；「時代背景法」，先介紹這個政策或議題的背景因素；還有「開門見山法」，從相關的訊息引到正題（本文），甚至還有一個所謂的「抄題法」，即便不會寫前言，也要把題目稍微改寫一下呈現出來，總之一定要有前言。

至於結論部分也很重要，有專家認為結論比前言還重要，因為閱卷委員看到最後，如果你有「異軍突起」就可以幫助得分。所以，最後一段的結論應該做一個很漂亮的結語。

有幾種方法：例如「自我實踐法」，這方面可以把所有論點都申述完後，就寫「我們要怎麼實踐？」這個「我們」不一定指「我自己」，可以是我們國家、我們社會、我們政府、我們社群要怎麼實踐，叫作「自我實踐法」。

還有一種叫作「綜合評論法」，在結尾時做綜合性的論述。第三種是「綜合摘要法」，把本文裡面一些相關重要的內容簡要地摘述。

另外有一種叫「負面批判法」，針對現況做批評式的評論，但是使用「負面批判法」要注意，如果你是對現況有一些批評，

後面一定要提到一些如何提升的肯定用語。若只把負面的評論擺在最後面而沒有提出積極正面的建議，很可能適得其反而失分。

技巧
12

完美的申論題筆記須謹守「先求有再求精」原則，先從「不完美」開始。

很多會友在寫申論題完美筆記時，最困難的地方是「下筆」！做完美筆記有好幾個優點，唯一的缺點就是花時間，所以建議寫申論題筆記時潦草即可，正式考試再求端正。

我也特別強調「先求有再求精」的原則，千萬不要想把所有書都看完、看懂再做筆記，那就來不及了！也不要針對這一題要求完全理解後再做筆記，可能也沒這個時間！一定要先下筆，先求「有」再求「精」，先寫再做補充，因為時間扮演著很重要的角色。

有讀者對完美的筆記有很大的困擾，他表示：

要寫一題完美的申論題筆記對我來說非常難，我常常斟酌再

三仍下不了筆，寫完一題已經一天了！該怎麼辦？

這是個大問題！這也證明完美筆記法的必要性：沒先做好完美筆記，上考場時，在時間和壓力的雙重緊繃下，如何能寫出高分的好成績？

所以，第一，一定要做完美的「手寫」筆記來練筆；第二，一定要限制時間完成，剛開始每題不可超過兩小時，再來要求不超過一個半小時。

為了在限制的時間內有效地完成完美筆記，有兩種彈性的作法：

第一種方法是「先抓後補法」。

就是看了課文內容後先抓自己「已經看懂的東西」，很快地把它抄下來，捨棄那些很難懂的、複雜的內容，然後空下相當的篇幅（行格），等有機會再補。

第二種方法是「說完就寫法」。

看完課文後立刻把書闔起來，先用嘴巴說出課文在講什麼，就像有人在問而你立即回答一般。當你講出來後，就照著把它寫下來，這也是一個好辦法。

上述兩種方法在論述方面可能不是很周全，但論述靠實力，

而這種實力不是一蹴可幾，千萬不要想求其完美而去看很多書，或花了很多時間上網找答案。在這種時候，時間重於一切！

其實，實力不夠就靠熟練補強，越寫就越熟，手感有了再寫申論題就很快了！何況只要你的格式正確、字數夠多，就很可能拿到好成績。一般來說，申論題一題若得到十八分就可以上榜了，你不需要花很多時間想得到二十四分的最高分。

總之，完美筆記並非一蹴可幾，但熟練卻是人人可學，而熟練再熟練後，完美筆記就會逐漸成形。

「完美申論題」的基本要項是「格式」正確、「字數」要多、「論述」有見地。

　　一般大家都說申論題要拿高分有三個基本要項，一個是格式、一個是字數、一個是論述，其中又以論述最重要，佔分數的比例也最高。

　　但是我這裡要強調的不是論述，而是格式和字數。格式和字數兩者有可能佔到申論題二十五分的五分之二，也就是有十分之多！

　　先說「字數」，人家寫四十四行、兩頁滿滿的，你寫二十二行一頁或是三十三行一頁半，請問你會被扣幾分？我認為可能會被扣三到五分。

　　那「格式」呢？包含的可多了，其中包括有沒有前言、結論、大標、小標，其中大標、小標前面有沒有縮格，每一段的篇

幅大小有沒有一致，有沒有英文的專有名詞等，這些問題看起來都是小問題，但是「魔鬼藏在細節裡」，小事影響可大了！

為什麼？因為格式少說佔五分——沒有前言、結論扣兩分，沒有大、小標題扣兩分，篇幅太少或有一段落太少，縮格沒縮好、沒對齊又扣一分，就少了五分！

五分雖然佔二十五分的五分之一，但它是我們完全可以掌控、完全可以不失掉分數的，這是基本分，若基本分都拿不到，其他就免談了！有關格式（含字數）可能被扣分的項目計有十六項之多（如資料一），希望大家參照並改正之！

讓我們來看第67頁的範例2-1，從題目來分析，應有「考點」（小題目）兩題（即大標兩個），分別是：

（一）績效管理之意義；

（二）績效管理運用在公部門的問題。

然後大標（二）績效管理運用在公部門的問題底下，又有四個小標，分別是：

1.績效管理本身的限制；

2.績效資訊產生的問題；

3.績效評估所造成的缺失；

4.績效指標設計的困難等。

申論題「格式（含字數）」必備之項目

1. 前言：須有前言（獨樹一格）。

2. 標號：須有大標、小標的號碼：（一）～1～（1）。

3. 標題：須有大標、小標的題綱。

4. 分段：須依大標、小標分段落。

5. 縮格：須依大標、小標縮格。

6. 整齊：須畫線（且）將標號對齊。

7. 版面：須依「考點」（小題目）可能配分之一到一・五倍分配行數。

8. 行數：前言、結論外，本文各段大標、小標之行數大約一樣。

9. 英文：需有專有名詞或名家之英文。

10. 不要條列式一行：須有兩行以上。

11. 不要大家寫一樣：可參考專業期刊論文。

12. 名言或名家：可建立名言冊。

13. 字體：不要太潦草、太大、太小。

14. 不要簡體字：少用簡體字。

15. 結論：須有結論（獨樹一格）。

16. 字數：須寫滿四十行以上。

作答前務請詳閱作答注意事項及試題說明　　　　　　第 1 頁

分數	題號	（答案請從本頁第 1 行開始書寫，並請標明題號，依序作答）
	一、	一、何謂績效管理？行政機關實施績效管理可能會面臨那些問題？試說明之。

　　杜拉克(Pete Drucker)率先提出了目標管理(MBO)的概念，其日後再將目標管理充為績效管理，所以績效管理含有目標管理的意涵。

以下針對績效管理的意義及限制加以說明

　（一）意義：組織系統性的整合內部資源，以提升組織產出績效的管理過程。

　（二）應用於公部門的限制：

　　　1.政黨或是利益團體可自己利用績效管理泛政治化

　　　2.績效管理應用於政府部門易成為政治運作的產物。

　（三）績效管理所產生的問題：

　　　1.若績效資訊的蒐集產生錯誤，無法反應行政機關的實際績效

　　　2.績效管理必須依賴專業的分析人才，但政府組織缺乏此類人才。

　　　3.績效管理重視立即回應，但政府往往必須和立法機關、審計

但在範例2-1中，考點兩項就編大標兩項（一）、（二）即可，卻編出大標（一）、（二）、（三）、（四）等四個，搞亂了答題的格式，先不管內容，光從格式評分，起碼失分五分以上！

另有讀者問：

閱卷老師在閱卷時有沒有什麼喜好或禁忌？

當然有！評閱申論題其實滿主觀的，比方縮格不清楚、文章不整齊，有的縮一格，有的縮兩格，縮進去的大小不一樣等，這些看起來是小事，但無形中一定會影響閱卷老師對這篇文章的觀感！

一篇整整齊齊的文章、清清爽爽的版面，總是討人喜愛！請問你為什麼不把所有縮格用鉛筆畫一條直線（之後當然要擦掉），讓它看起來整整齊齊呢？

請看範例2-2：縮格是一般要求，已經寫得很整齊但看起來空格太多，不很扎實。如果修正成範例2-3，不是看起來又充實又清爽！你認為範例2-3比範例2-2要多幾分？哪怕只多一分，二十四題申論題就多得二十四分，你要不要？

作答前務請詳閱作答注意事項及試題說明　　　　第 1 頁

分數	題號	（答案請從本頁第 1 行開始書寫，並請標明題號，依序作答）
	一	杜拉克首先提出目標管理的概念，之後再將其擴充為績效管理(Performance Management)，其本身就是組織如何執行策略，達到組織目標的過程。以下說明其意義和限制： (一)意義： 　　績效管理是組織系統性的整合內部資源，以提升組織產出績效的管理過程。在此過程中會出現組織績效、部門績效和個人績效三種評估需求，藉由這些結果可以了解部門、個人對組織的貢獻程度，其具有下列重點： 　　1、是遍及整個組織的管理過程。 　　2、能使員工對目標和達成的手段有共同認同。 　　3、可以增加達成績效目標的可能性。 (二)其應用在公部門的限制： 　　1、本身的限制： 　　(1)政黨或團體可能利用績效管理的資訊，作為鬥爭手段，使其泛政治化。 　　(2)應用在政府部門容易或遭政治運作的產物，使得不同執政者會有不同的績效評估結果。 　　(3)難以量化行政組織的績效，亦難用數據比較。 　　2、績效資訊產生的問題：

第3頁

分數	題號	
	一	管理學大師彼得‧杜拉克（Pete Drucker）首先提出了目標管理的概念，之後再將其擴充為績效管理（Performance Management），其本身就是組織如何執行策略，達到組織目標的過程。以下針對績效管理的意義及其限制，加以說明： 　　(一)績效管理的意義： 　　績效管理是組織系統性的整合內部資源，以提升組織產出績效的管理過程。在此過程中會出現組織績效、部門績效和個人績效三種評估需求，藉由這些結果可以了解部門、個人對組織的貢獻程度，其具有下列重點： 　　1.是遍及整個組織的管理過程。 　　2.能使員工對目標和達成的手段有共同認同。 　　3.可以增加達成績效目標的可能性。 　　(二)績效管理運用在公部門的問題： 　　1.績效管理本身的限制： 　　(1)政黨或團體可能利用績效管理的資訊，作為鬥爭手段，使其泛政治化。 　　(2)應用在政府部門容易淪為政治運作的產物，使得不同執政者會有不同的績效評估結果。 　　(3)行政組織的產出績效難以量化，亦難用

（續下頁）

分數	題號	

數據比較。

　　2、績效資訊產生的問題：

(1)蒐集的資訊若錯誤，無法反應實際績效。

(2)政府組織欠缺專業的分析人才。

(3)政府需和其他機關配合，立即回應性低。

(4)公部門只重輸出，不重視投入到產出的過程。

　　3、績效評估所造成的缺失：

(1)政府部門有許多政治性、利益因素參雜，無法以全然客觀、理性的原則進行評估。

(2)個人的績效難以和組織績效連結。

　　4、績效指標設計的困難：

(1)功能相同的行政組織，但存在地域性差異，無法用統一的指標來衡量。

(2)公共服務品質的好壞，無法用具體客觀的量化指標來衡量。

(3)過程涉及許多利害關係人，難以建立績效指標。

　　績效管理無非是要組織追求績效，但行政機關最大的問題在於，其提供的公共服務績效難以像企業那樣以盈虧作為衡量標準，政府的績效有時是基於公共利益、政治考量等。績效管理若想在行政機關推動，必須先界定出行政機關所欲追求的績效為何。

另外，又有同學問：

能不能寫簡體字？

　　請問你為什麼要寫簡體字？這習慣要改，簡體字有的不該簡化，你卻簡化，會讓人印象不佳！不知不覺就被扣了好幾分，請看範例2-4。

　　一般閱卷老師可能說分數與字體無關，我認為絕對有關！字體跟每一科有關，也跟每一科的每一題都有關！如果字體太大、太小、太草、太細、太斜，都不討好！

　　請看範例2-5、2-6：字體太大或字距太寬，則顯得答案不夠充實；字體太小，影響閱卷委員的眼力（如範例2-7），都不宜。

　　如果從小字體就不好看，要想辦法改掉，還有三個月、半年，就從做完美筆記開始改！雖然不可能改太多，但是稍微調整一下，都會有大幫助！這些小事要及時改正，當你改正得差不多時，代表你的優勢較大了，因為每一題都會加分！

作答前務請詳閱作答注意事項及試題說明

分數	題號	(答案請從本頁第1行開始書寫，並請標明題號，依序作答)
	六、	說明 我國數位電視科技發展如何？未來趨勢走向如何？如何善盡社會教育功能？ 　　在21世紀的現在，電視无疑是最大宗也最有效的媒体，透过过去一甲的发展，如今的电视技术和国收視文化、習慣已有巨大的改变，在台灣，这个变化也是现在进行式。 　　(一)我国数位电视的現況 　　1、电视有线化程度已經充份覆蓋全国，只要申请固定月費制，便可收看多个頻道，且需受到讯号的干擾。 　　2、2012年我国已由强制收回了所有无线电视的頻道，並全面数位化，同一时间，台灣已經結束所有類比讯号的推撥。 　　3、現今許多用户已逐漸已採機上盒(Lottlebox)的方式收視、除了收看数位电视功能外，亦包囫有錄放影机和隨選影片的(MOD)的功能。 　　(二)我国数位电视的未来趨勢 　　1、寬頻线上影音服務的兴起，目前已有多家业者採免費或付費机制之網路(Web based)电视頻道，如艾爾达、Hi-channel、壹电视…等。 　　2、高画質影音的出現，过去的数比讯号因為標準SDTV画質，今天的数位电视多採HD(1080p

作答前務請詳閱注意事項及試題說明　　　　　　　　　　第1頁

分數	題號	（答案請從本頁第1行開始書寫，並請標明題號，依序作答）
		ex: 何謂 非營利組織，試就其他
		功能申述之？
		Ans,（一）非營利組織之定義：
		非營利組織一般來說是
		以非營利）(non-profit)為目
		的之組織因應而生，如公益
		組織、醫院、基金會隻。
		學者益爾認為非營利組
		織應具備以下三項目標：
		(1) 執行政府委託之公共事務。
		(2) 執行政府或營利組織所
		不願或無法完成之事務。
		(3) 勸導國家、營利部門或
		其他非營利組織之政
		策方向。
		（二）非營利組織之角色：
		根據克拉馬（R.M. Kramer）
		的看法，非營利組織扮
		演以下角色：
		(1) 先驅者：即具有「開創與
		創新的角色功能，因此
		非營利組織具有豐富創

分數	題號	（答案請從本頁第1行開始書寫，並請標明題號，依序作答）
	一、	

個案研究是指以某一社會單元作

為一個整體所從事的研究，而所從事

研究之單元可能是一個人、一個家庭

、一個個體、一個機關、一個地區

或一個國家。而個案研究進行資料

分析的方式與應注意的原則，茲分

述如下：

（一）資料分析方式：

1. 內容分析（content analysis）：要先

擬定編碼規則，對全文執行編碼分類，

計算次數或百分比，檢驗假說。

2. 口述語意分析（verbal protocol analyze），

要求受試者出聲思考（think aloud），錄音

後轉製成書面口述語意報告，再予編碼

，並作統計、分析。

3. 腳本分析（script analysis）：學者

研究人工智慧，發現人類知識乃以腳

本方式儲存。例如：餐廳腳本為領位

、點食、用食、付款。

（二）基本原則：

1. 有效控制其他干擾變數：在個

案研究中，所採用的控制為自然控

作答前務請詳閱作答注意事項及試題說明

評分	題號	（作答請從本頁第1行開始書寫，並請標明題號，依序作答）
	一.	(一)甲可能構成刑法上業務上文書登載不實罪
		1.依我國刑法第215條（業務上文書登載不實罪）規定：「從事業務之人，明知為不實之事項，而登載於其業務上作成之文書，足以生損害於公眾或他人者，處3年以下有期徒刑、拘役或五百元以下罰金。」
		2.依題所示，甲為公司負責人，為減輕公司勞工保險費用之負擔，在向勞保局申報公司新進員工參加勞保時，在申報之文件上低報月投保薪資。
		3.甲無論就主、客觀上皆有侵害勞工法益之犯意，甲為業務上從事業務之人，將其業務職圈內，申報低報月投保薪資，顯已著手實行，甲無法阻卻違法或責任之事由，視為有違法性反責任。甲構成刑法上業務上文書登載不實罪。
		(二)甲可能成立刑法上行使偽造變造或登載不實之文書罪
		1.依我國刑法第216條規定（行使偽造變造或登載不實文書罪）：「行使第210～215條之文書者，依偽造、變造文書或登載不實事項或使登載不實事項之規定斷處。」
		2.甲於上述於業務上偽造文書外，又將該偽造之文書據以向勞保局申報，且甲有認知該偽造文書，並進而實行犯罪的知與欲，且已著手實行既遂。
		3.甲無阻卻違法或責任之事由，視為有違性反責任，構成刑法上行使偽造變造或登載不實之文書罪。
		(三)甲可能構成刑法上使公務員登載不實罪
使公務員		1.依我國刑法第214條（使公務員登載不實罪）規定：「明知為不實之事項，而登載於職務上所掌之公文書，足以損害於公眾或他人者，處3年以下有期徒刑、拘役或五百元以下罰金。」

申論題筆記以「一本為要」的同時，
逐步參考其他資料。

　　申論筆記要參考多少本書來寫？是以所謂的「一本書主義」
為要，還是多本教科書互補有無呢？在一百大題的準備過程中，
若完全出自一本書，是否會有引不出新意、「老狗學不會新把
戲」的情況？但以多本教科書當資料，時間及金錢的消耗還有記
憶的負擔、統整能力等，是否也為一大考驗？

　　申論題要得高分，內容論述當然很重要！這方面大家要費點
工夫，就是讓自己蒐集到的東西要有深度與廣度，所答的內容是
具有「延伸思考」的論述。

　　「一本書主義」並不代表只能看一本書，我個人是以一本書
為主，但「同時」看三、四本書（包括筆記、講義）一起作答。
我並不敢建議大家也如此做，一則書桌可能會不夠大沒地方擺，

二則要有相當統整的能力，否則會看了三、四本書卻遲疑地下不了手、動不了筆！

我建議還是以「一本書主義」為要，也就是用一本書回答申論題的問題。但因為你用的是A3活頁紙，之後看到其他書的論述時，再「逐步地」補充到活頁紙上。

其實，除了課本，你還要參考其他有用的資料，第一個是專業期刊，在專業期刊上可以找到其他書本沒有的題目做擬答。也有很多相關文章的論述，可以讓你更有見地、更獨特地表現，很容易取得高分！但因為每一科都有滿多的專業期刊，所以就要有讀書會成員來分工、蒐尋、整理。

第二個是相關研討會的論文。研討會的論文可說是專業期刊的前身，是比較不成熟的論點，但也可以採用。

再來就是該單位的網站，一些新發布的消息，特別是新修訂的法規很容易成為考題，這方面就可以爭取高分，也要特別蒐集。

有會友SW認為：「若你有補習班的教材，就以它為主。不建議一開始就參考各典試委員的教科書，除非你有基礎或非常有慧根，否則容易對內容不感興趣，不知重點在哪，無法長期抗戰。至於教科書的使用時機，則是做考題時的解惑依據。」我很贊成她的看法。

另外還有讀者提出：

答題時是否可應用「圖優於表」、「表優於文字」的簡報方式答題？

有會友建議：除非題目規定要畫圖或表，否則一律以文字回答；以圖表作答，有的閱卷老師可能給零分，因為認為你違反考試規定。我個人也同意試題沒要求時，不要自己畫圖表，以免被誤會。

技巧
15

進行第二階段逐次剔除法時，要運用
「先想後看原則」。

有讀者問：

什麼樣的題目或內容可以「放心剔除」？如果剔除了還是會
忘記怎麼辦？每次剔除以後就陷入背了又忘、忘了又背的可怕輪
迴之中，那麼多題目或內容，如何在有限時間內全部剔除或背起
來？

有一句話說：「只有記得下來的才能帶進考場。」就是說要
「記得下來」對考試才有幫助。如何才記得下來呢？我認為：
「只有想得出來的才是記得下來的，才是你的。」有人是聽覺
型，有人是視覺型──有人用聽的比較容易記，有人用看的比較

容易記，但最後都必須是「想覺型」——只有你「想得出來」的才是你的！

　　切記「先想後看原則」是有效使用逐次剔除法的保證！我們常常陷入從前讀書的舊習慣，例如首次看書時，只求看懂，不分「會的」、「不會的」、「會搞錯的」課文，所以抓不到真正考試的重點；再次複習時，也不分「已會的」、「快會的」、「還不會的」內容，所以花時間一再重複地看書。

　　使用「先想後看原則」就是要徹底改掉一直看著書背誦、效果不佳的舊習慣，而改用「想得起來的就是已經會的」、「剔除掉的就不容易再忘記」的高效方法。

　　千萬不要一直看著書背誦，反而會影響背誦！要使用「先想後看原則」——想得起來的才是「你會的」！

如果將較難與複雜的內容做出架構圖或心智圖筆記，更有助於全盤性的理解和記憶。

　　有些科目的內容較艱深而複雜，建議做完每一單元的完美筆記或全部做完時，再進一步整理出架構圖或心智圖筆記。有會友Yiling Kao把筆記整理好後，再將筆記的內容畫出一個架構圖（如範例2-8），特別有助於記憶。以下是她提供的範例：

　　架構圖是以條文順序搭配完美筆記的內容製作完成。

1. 條文寫在前面，完美筆記試題寫後面，再接解答大綱（一樣標示條號）。

2. 當條文裡有分款項時，註記為第幾項，這樣方便默想時的連結，剔除時也會簡單明瞭。

3. 將歷屆考過的年份寫在題目下，同時註記此題參考哪一本教材

範例2-8 完美筆記後之「架構圖」實作

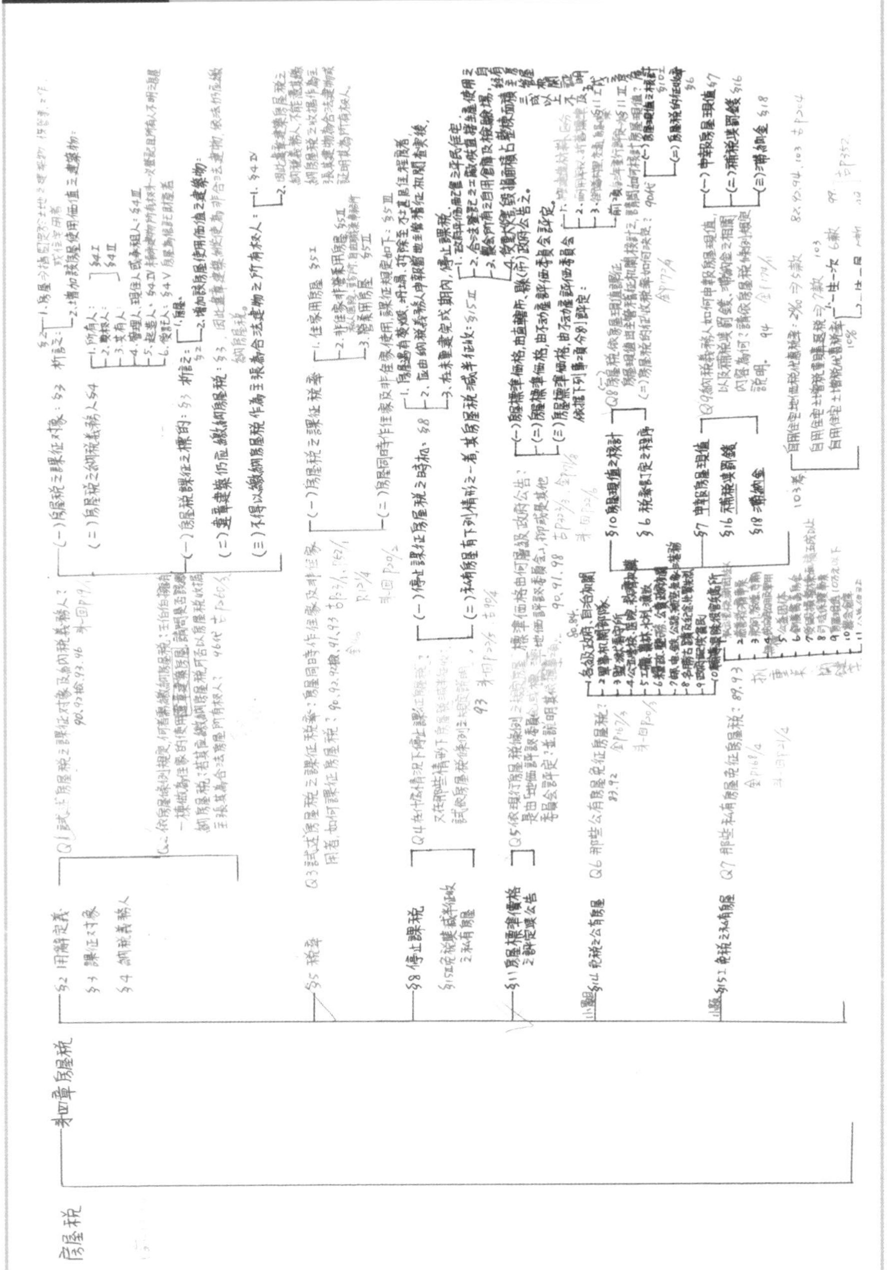

的答案。

4. 此張架構圖是我的完美筆記的縮影，一樣有大標、小標、關鍵
　　字加條號。

　　我從寫完美筆記的當下，就已進行一次深層記憶。接下來，
睡前再做一次默想，默想就以架構圖為主。隔天早上起床再做一
次默想。當天要再開始寫完美筆記時，我還會再做默想一次。

　　另外，子馨也分享了完美筆記的心智圖（如範例2-9）製作
方法：

1. 當複習該章（節）的完美筆記時，試著用默想的方式畫出架
　　構。

2. 將該章（節）標題放在圖紙的最中央。

3. 把完美筆記中的「大標題」畫在第一層分支，「小標題」畫在
　　第二層分支⋯⋯像樹枝般擴張延伸，最後一層（末端）就是細
　　部內容的「關鍵字」。

4. 在每個大標的末端旁加上聯想記憶的口訣或插圖（用已知記未
　　知）。

5. 切記，圖不用漂亮而是要畫得快（自己看得懂即可）！

6. 熟練之後可以從節＞章＞篇去畫（將圖紙擴大到A3可帶去考

範例2-9 完美筆記後之「心智圖」實作

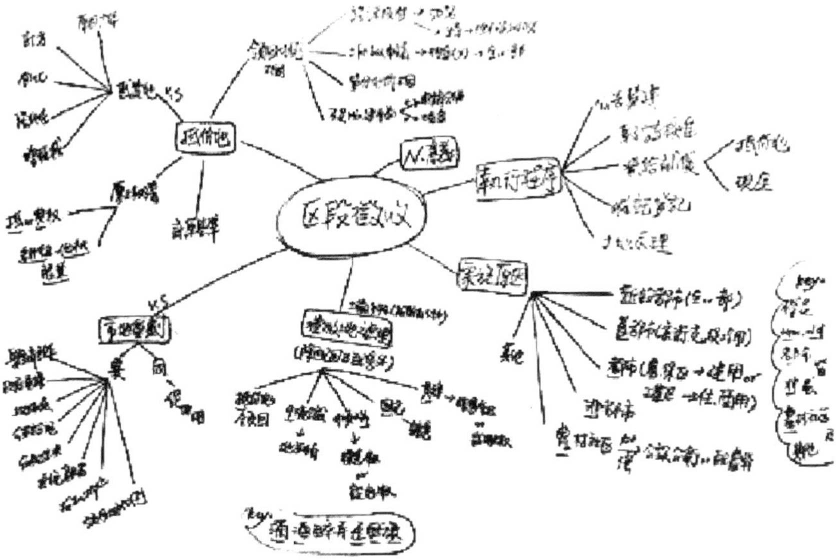

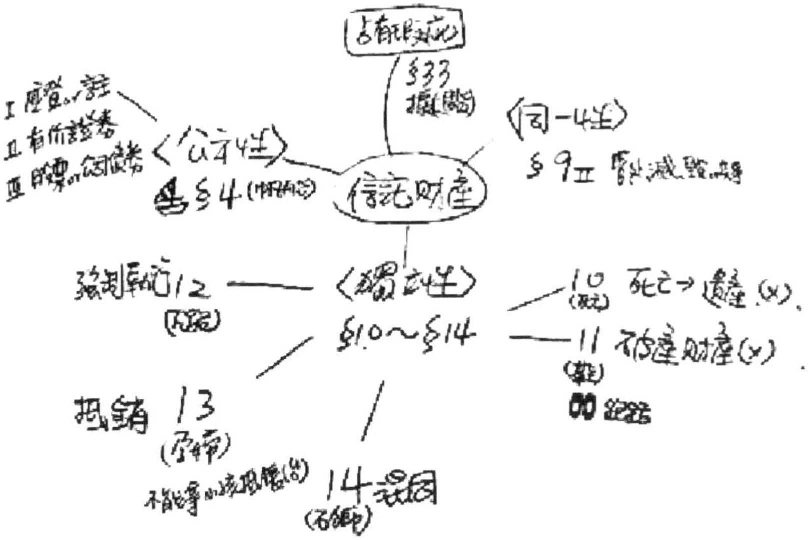

場）。

7. 多利用零碎時間回想這些圖中架構、關鍵字、口訣,讓複習變得更輕鬆且有趣!

8. 末端細部內容再執行「化整為零」的分點背誦。

　　有關做完申論題筆記後再做「心智圖」之優點如下:

■ 建立架構:在茫茫筆記海裡建立架構,避免見樹不見林。

■ 節省時間:使用關鍵字,集中注意力在真正的主題重點。

■ 關聯性:關鍵字與關鍵字之間的關聯性清楚且正確。

■ 有趣:心智圖比起傳統單調的行列式筆記可加上更多的色彩、圖像等視覺化的刺激,使得大腦更容易接受這些訊息。

■ 有效複習完美筆記(縮短回想時間、增加複習次數)。

■ 心智圖的結構符合大腦不斷追求完整的天性。

技巧
17

法學的申論題寫作與一般申論題不同，要有一個特定的模式。

法學的申論題該怎麼寫？一般的申論題都應該要有前言與結論，唯有法學例外，它採用「三段論式」。所謂法學三段論式是指大前提、小前提和結論。

大前提說明該題目會用到的法條及要旨；小前提為考題案例的涵攝過程，討論此案例是否符合該法條之要旨；結論則是簡單回答本題案例是否符合大前提的要旨而得出結論。

作答時，有時會大前提、小前提、結論分為三段作答，亦有大、小前提合併，或小前提和結論合併成一段的寫法。但千萬別在考卷上寫出「大前提」、「小前提」、「涵攝」等字眼當標題，只有「結論」可做結束的標題。

會友蕙心提供了一個法科申論題的範例（參考範例2-10）。

民法答題「三段論式」例子

黃蕙心撰寫

題目

甲開設鞋店，僱請乙擔任售貨員。乙詐欺消費者丙，將假皮製作之皮鞋，以真皮的價錢出售，雙方訂立買賣契約。事後，丙主張退貨還錢，但甲主張不知乙詐欺之事，丙的主張是否有理由？（102三等關務特考）

思考架構

345條：買賣契約
103條：代理的效力歸於本人

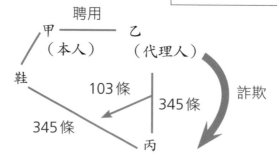

（續下頁）

假皮以真皮賣出→詐欺：民法92條

誤假皮為真皮 →錯誤：民法88條

作答

丙之主張有理由，茲說明如下：*（三段論開始前，要先下標題）*

（一）丙得依民法（以下同）第92條第1項「詐欺」撤銷其
　　　意思表示：

大前提

1、被詐欺或脅迫，而為意思表示者，依第92條第1項本
　　文規定，表意人得撤銷其意思表示。至於第三人詐欺，
　　同條但書加上以相對人明知或可得而知其事實，才可撤
　　銷的限制，以保障交易安全中相對人（即買賣行為的對
　　造）之權利。

小前提與結論（案例涵攝過程與結論）

2、本題乙詐欺丙，使丙和甲締結買賣契約，看似第三人詐
　　欺，丙欲撤銷，依第92條但書，需相對人甲明知或可
　　得而知才可撤銷。惟乙乃甲的代理人，目前通說認為應
　　限縮第92條第1項但書的第三人範圍，不包括相對人的

（續下頁）

代理人和使用人，亦即，相對人之代理人和使用人的詐欺，視為相對人詐欺，不需相對人明知或可得而知，（**結論**）故本題丙可依第92條第1項，主張撤銷買賣契約。

（二）丙得依第88條第二項「錯誤」撤銷其意思表示：

大前提

1、民法第88條第2項，關於錯誤的規定，當事人資格或物之性質，若交易且認為重要者，其錯誤視為意思表示內容之錯誤。

2、意思表示內容錯誤；表意人若無過失，依第88條第1項規定，可撤銷其意思表示。

小前提與結論（案例涵攝過程與結論）

3、本題皮鞋為真皮或假皮，在交易上屬於物之性質的重要事項；丙之所以誤認假皮為真皮，乃乙詐欺所致，丙就該錯誤並無過失，（**結論**）故丙得依第88條第2項，撤銷其意思表示。

（三）結論：丙得依詐欺或錯誤為請求權基礎，請求撤銷買賣契約的意思表示。

此外，錢世傑博士也特別提出要贏得高分的要領在於：不要直接抄寫法條，底下是他的說明與舉例：

民法繼承的考題常會出一些誰是繼承人，應繼財產如何分配？例如甲死亡，有二子，一為其所生之乙，一為其養子丙。

首先要先確定誰是繼承人之部分，應繼分為何，應繼財產有多少，最後再決定數額，在此先討論一下繼承人怎麼寫：

一般考生很喜歡直接抄法條，如下例：

民法第1138條規定：遺產繼承人，除配偶外，依順序定之：

一、直系血親卑親屬。

二、父母。

三、兄弟姊妹。

四、祖父母。

然後考生就會做出結論，乙為直系血親卑親屬，為甲之第一順位之繼承人。

從三段論法的角度而言並沒有問題，但是這樣子的寫法不漂亮，且如果條文沒有背很熟，很容易被扣分，建議可以參照下列方式撰寫，略以：

一、繼承人

（一）乙之部分：直系血親卑親屬，依據民法第1138條規
定，為第一順位之遺產繼承人。乙為甲所生之子，屬
直系血親卑親屬，故為甲之第一順位之繼承人。

（二）丙之部分：養子女與養父母及其親屬間之關係，依據
民法第1077條第1項規定，為「擬制血親」，與婚生
子女同。丙為甲之養子，依據民法第1138條規定，亦
為甲之第一順位之繼承人。

（三）小結：乙丙均為甲之第一順位之繼承人。

至於，「二、應繼分為何？」「三、應繼財產有多少？」等兩
項，也比照上述寫法。

掌握考場前的「最後衝刺」及臨場時的「最高機密」。

臨考試前的半小時到一小時，是考場勝敗的關鍵時刻，你必須做「最後的衝刺」！任何人即使準備再好，都還有許多還不熟悉、需要「死背」的部分！

就算已經使用「逐次剔除法」多次，不過應該至少還有十題、二十題的題目是你的「死敵」，尚待完全的克服。注意！這十題、二十題中，很可能有一題會出現在考題中，不可放棄！

一進考場，當你依命令打開試題時，一看到有剛才背過的題目，要趕快把要點寫在題目空白處；否則，當下即忘！

此外，針對其他題目，要好好「審題」，把所有提問的小問題都圈起來，仔細針對每個小問題作答，才不會「失焦」。

有些人還會用鉛筆把小題目的綱要，輕輕地分配在試卷紙上

（但記得事後要擦掉，以免有舞弊之嫌），一則避免忘記，另一則怕各段文字篇幅「失衡」——有的寫太多，有的沒位置寫。因為每題的篇幅約兩頁（高考試卷共有八頁），原則上不要有太大的出入。

另外，在考場應試的時間分配方面，有一個「最高機密」。假定你每一科都已準備了八十大題的筆記內容，也參考時事、期刊中一些比較深、比較新的議題準備了二十題，共有一百大題；你是不是就能夠完全猜中這申論題的四題呢？

一般來說，你完全猜中試題的機會不大，高達百分之九十五的機會，你不可能完全猜中。那麼，這些「不會的題目」要如何克服呢？

先請問你一個問題：「比別人高分的關鍵，是在『會的』，還是『不會的』題目？」大家都認為是「會的」題目，因為「會的」才會寫。

不對！你比別人分數高的關鍵，應該是在「不會寫的」題目，因為「會的」題目大家都會，要比別人高出兩分、三分有難度。

可是「不會的」題目，在大家都不會的狀況下，若你反而寫得比「會寫的」題目還多、還好，分數就可能比人家高更多！

這是個很獨特的祕訣！怎麼說呢？在考試的時候，像高考每

科的配分是一百二十分鐘，所以一題申論題差不多需要寫三十分鐘，專家都說要平均分配一題三十分鐘，但我卻認為，「會寫的」題目最好只分配十五至二十分鐘，為什麼？

因為「會寫的」題目在你的筆記上已猜中，稍微重組一下，你就可以完完整整地「COPY」過來；可以說是不假思索、一字不漏、完整地搬過來，連思考的時間都不必！所以，二十分鐘之內，你一定可以寫滿兩頁甚至更多，這是我屢次考試的經驗。

如果一題「會寫的」題目花二十分鐘，兩題只需四十分鐘，你還有八十分鐘克服那兩題比較活、比較難的題目，每一題也還有四十分鐘。

一般人都把「會寫的」寫得很多，花很長時間，「不會寫的」題目只花十分鐘、二十分鐘。所以，當我用四十分鐘來寫，光是時間上我就比別人多兩倍的時間，當然更有可能寫得比別人更完整、更從容，甚至更好，這是一個祕訣！

因此，當碰到「不會寫的」或是「比較活的」題目時，我就立刻思索我所做的六科、約六百題筆記中，有哪些理論或內容與這題有關？

然後，把它像「寫作文」一樣來寫作——我有四十分鐘的時間，可以先仔細思考出題老師的用意何在，然後再一步一步地布局，各方面的設想都很周到、很齊全，特別寫一篇分量很多、字

體端正又完整的「作文式申論題」。

如果方向又猜對了，這一題的分數搞不好會比「會寫的」題目還高！那時，贏別人的就不只三分、五分，有可能是十分、十五分以上，這才是最大的贏家！

切記：「沒有題目是不能寫的！」當碰到「不會寫的」題目時應該高興，因為你更有機會在這一題贏得人家更多的分數！為了這個「最高的機密」，我特別要舉一個親身的經歷。

我報考政治大學東亞研究所時，在政治學這個科目，我一樣準備一百題，就像我說的，猜中的只有兩題，沒猜中的兩題，一題比較活，暫且不說；另一題則比較難，題目大概是說：「政治學上有所謂的『急右派』、『急左派』，請問這兩派有何異同點，試分析之。」

我當時心想「完蛋了！」我看那麼多參考書、考古題，都沒有提到「急右派」、「急左派」。可是，當時我「會寫的」題目寫得很快，大概十五分鐘就完成了，在扣除完成其他題目的時間，大概還有四十分鐘來完成這題。

我就打起精神，好好思考「急右派」、「急左派」的意涵：「急」是什麼意思？雖然是著急的「急」字，但應該是「極端」的意思。

「急」有極端、有排他性、有暴力性、有權威性，其實我是

憑著自己這方面的知識猜的。至於「急右派」、「急左派」的不同，我知道共產黨就是「急左派」，所以，急左派應該是要破壞現狀，急右派是要維持現狀；急左派是要推翻政府，急右派就是支持政府當權者；急左派是比較傾向自由主義的，急右派就是比較保守主義的，像納粹黨等，當時我共分析出四點。

我寫這題時非常用心，花了特別長的時間，有前言、有結尾，本文在相同、相異點又各分析了四點；一般寫兩頁就可以，我寫了三頁。

最後放榜的結果，我這題佔了很大的便宜，因此我的政治學分數雖不高，只有七十六分，卻是錄取政大東亞所中政治學的最高分！

總之，在我「不會寫的」題目上，大家也不會寫的情況下，我充分利用了時間上的優勢，還有每一科整理一百大題筆記的實力，硬掰也掰出一篇「作文」來。

其實，在準備考試的過程中，你若能每科皆做成「完美筆記」一百大題，論述的能力必大增；總計六科、六百大題的豐富材料，將能有效地幫助你撰寫「活的（沒有固定答案的）」和「原來並不會寫的」申論題──這也是另類的「實力培養法」。

圖一　申論題高分策略一覽表

新習慣		好策略	舊習慣	
先「抓題」	YES	**1 題目取向** 每科直接抓出考古題、重點題一百大題	NO	先「看書」
以自己理解的話做筆記；申論題「作文化」	YES	**2 完美筆記法** 每科做一百大題「完美的」筆記	NO	照抄課文做筆記；或只求看懂課文
充分利用零碎時間	YES	**3 默想法** 在腦袋中默想筆記內容	NO	不懂得利用零碎時間
多次重複，用較少的時間增強記憶（活記）	YES	**4 逐次剔除法** 逐次將「真正會的」題目剔除	NO	一次完成，花較多時間完整背誦（死背）
積極蒐集考情趨勢	YES	**5 （考前一個月）** 考前猜題（時事議題、專業期刊）	NO	「宅」在家裡，資訊隔絕
最難背的最後才背	YES	**6 （考前半、一小時）** 力克剩下的十到二十題	NO	所有資料一起背誦
「不會寫的」花更多時間——實力培養法	YES	**7 （考試現場）** 「不會寫的題目」寫得更久、更好	NO	「會寫的」花較多時間；「不會寫的」花較少時間

穩拿申論題高分！

第 3 章

照著做，
穩拿測驗題
高分的要領

每科選擇一本課文內容較豐富、每單元測驗題題目較多，而且解析詳細的參考書。

　　怎麼選擇參考書呢？我的建議是：準備測驗題要看補習班的參考書比較節省時間！因為如果你要看教科書，除非它是帝王教科書，只要一本就可以，否則你恐怕要看兩、三本才夠。補習班的參考書已經把幾本重要的教科書內容都統整在一起，看起來當然比較枯燥，但對考試確實有效！

　　各家補習班、出版社都出版滿多參考書，要怎麼挑呢？頁數多的代表內容比較豐富？其實要挑得更仔細，把書打開來看目次分幾個單元？這些單元分得合不合理？

　　可以比較兩本書，假如一本書只有十章，另一本書有十三章，多出的三章是什麼內容？重不重要？當然單元數多的優先考慮。其次，在單元裡面的頁數是不是比較多？比方在某一單元中

的主題是「績效管理」，甲書是三十五頁，乙書是五十頁，以課文內容來說，當然就是乙書優先嘍！

再者，單元後面有沒有測驗題題庫？有的書是把所有題庫放在書的最後面，這樣不好，應該分散在每一單元的後面才有利於複習。要看每單元題庫的題數多不多，以較多的優先。題庫的答案有沒有重點解析？有的話也優先。

當然，你還要考慮書的編排清不清晰？重點有沒有其他顏色特別標註，或以粗體呈現？這要看個人喜好。最重要還是上榜者的推薦，你可以上網搜尋，好好選擇。

要領
2

從同類科近三年的五份考古題中，研
究出測驗題的題型。

　　找到每一科的參考書後，就要研究考古題的題型，你可以從
近三年同類科的五份考古題、大約是一百題以上來研究出題的題
型。這其實不難，大概只有兩種大的題型，第一是背誦題，第二
是找碴題。

　　「背誦題」無非就是人、事、時、地、物的背誦；「人」是
什麼人？他又做了什麼「事」？或者這個人的看法、說法、成
就、事件、法條等；「時」最重要的就是年代，年代最重要的問
題是「誰最早？」；關於「地」的題目大家都知道是地點；關於
「物」的題目，例如跟數字有關，還有這個人出過什麼書、立過
什麼法案等，這些都要背誦且各有重要性。

另一種題型是「找碴題」，就是「找錯」，出題者故意把對的弄錯而讓你看不出來，比方說：

英國學者羅斯（Richard Rose）認為：「政府是由法律、稅賦、公務員、組織、計畫五項基本要素所組成。」

以這個句子來看，找碴題會怎麼出呢？

一般選擇題只有四個答案，有一種出法是：「何者為非？」四個中有一個錯的，這就是典型的找碴題。例如：

以下何者為非？英國學者羅斯說：政府是由（1）法律、（2）稅賦、（3）公務員、（4）政策等基本要素所組成。

——第（4）「政策」是錯的，這是「陷阱」，因為若以常識來判斷，你很容易搞錯！

所以，當你看到課文內容有四、五項的條列項，就應該敏感地知道：這很可能出「找碴題」，特別是「何者為非？」的題型。 另有一種出題法是：

「政府是由法律、稅賦、公務員、組織、計畫五項基本要素所組成。」以上這句話是誰說的：（1）瓦爾多、（2）馬可仕、（3）羅斯、（4）詹森。

——答案是（3）羅斯，這是「何者為是？」的題型。

如果你不知道怎麼「抓題」，就如我之前說的，要先做一百題的測驗題題庫，從一百題中分析出這類考試出題的形式是什麼樣的題型，這是很好的方法。

要領 3

利用「地毯式抓題法」研讀課文。

看課文時，一定要改變從前「光看懂、不抓題」的舊習慣，並且要在限制的時間內完成。「看書」好像看進去了，但「輸入」了大量的訊息，卻沒有經過轉換成「輸出」，很容易忘記；抓題然後解題，就像是所謂的「輸出」。

看課文時，不以「看懂」為目的，而要以抓題然後解題為目標；要一直問自己五個問題：

1. 這一段有沒有題目？（沒有題目，則不要畫任何線！）

2. 如果有出題的可能性，如何出題？

3. 這樣出，我會不會？（會，也不要畫線！）

4. 如果不會，要如何解決？（分析它，畫上關係線和記憶術。）

5. 如果會，但容易搞錯，如何才不會搞錯？（也運用關係線和記

憶術。）

如何做地毯式抓題呢？以範例3-1來說：

第①題：瓦爾多是最早使用「行政國」這個名詞的人，多早呢？一九四八年，這很重要。

第②題：他出了什麼書呢？《行政國：美國行政學的政治理論研究》。

第③題：馬可仕出了什麼書呢？《行政國：科層體制概論》。

第④題：馬可仕這本書說：「不是立法、司法不存在，而是行政組織特別凸顯」——要特別注意這句話是馬可仕說的，不是瓦爾多說的（所以，往瓦爾多的關係線打×）。

這兩本書間需有個連線，你要特別弄清楚，瓦爾多的書是《行政國：美國行政學的政治理論研究》；馬可仕的書是《行政國：科層體制概論》，兩者不一樣，要特別連結起來並打個星字號（＊）；這也可能出「找碴題」！

這一頁還提到，第⑤題：羅斯認為政府的五項基本要素，「是哪五項？怎麼背起來？」看著範例3-1下面的組織圖形就容易背起來：

壹、行政國與萬能政府(大政府):

一、行政國與政府概念之新解:「行政國」乃一九四八年後發展迅速之一個主
　　題,茲將其概要分述如下:(賴維堯等:「行政學入門」:1995:9~11)

　　(一)「行政國」之出現: ❶

　　　1.行政學者瓦爾多(Dwight Waldo) ❷,在一九四八年出版其個人學術生
　　　　涯第一本專著「行政國:美國行政學的政治理論研究」(The
　　　　Administrative State: A Study of the Political Theory of
　　　　American Public Administration,該書於一九八四年二版再度發
　　　　行)。瓦爾多是最早使用「行政國」名詞的人士,他的用意在於強調
　　　　現代行政的成長 ❸ 可以做為一門學術研究。

　　　2.資深的行政學者馬可仕(Fritz Morstein Marx),於一九五七年出
　　　　版「行政國:科層體制概論」(The Administrative State: An
　　　　Introduction to Bureaucracy)專書,力陳「行政國」一語不是指
　　　　稱立法及司法部門不再存在 ❹ 而是形容國家或政府的發展狀況,已
　　　　經到了行政組織及其運作特別的顯著突出。

　　　3.「行政國」現已是形容政府職能擴張,人民依賴日深的時代潮流
　　　　下,行政部門已具有舉足輕重地位之用語,不過這並非指立法、司
　　　　法權將消失無蹤,而是說行政的組織與運作變為特別重要了。

　　(二)政府概念的新解: ❺ ❻

　　　1.英國學者羅斯(Richard Rose)認為,政府不是一個單一屬性概念,
　　　　而是一個多元概念的抽象組合。政府是由法律、稅賦、公務員、組
　　　　織、計畫五項基本要素所組成,請見模式圖。

　　　2.一個完整的政府治理過程應為:依法設置的政府機關組織必須動員
　　　　所需資源(制定法令、課徵稅賦、晉用公務員),然後將資源結合並
　　　　轉換為施政計畫,進而將計畫內涵的財貨、服務或管制,傳輸到預
　　　　期受惠的標的群體(target population)。

政府組成要素模式圖

政府當然需要有「政府組織」，底下要有「施政計畫」，執行計畫就要有「主要資源」，資源包括人（「公務員」）和錢（「稅賦」）；人要用錢就要靠「法律」來規定。所以，這樣就背起來且有個圖像的概念。

當然也可以用「諧音口訣法」——「法、稅、公、組（主）、計」是什麼意思？「律師和會計師特別為公主計算財產」——就要靠自己去聯想一組有趣或有意義的概念嘍！

在範例3-1上，我圈選了五題，我把這五題圈起來，是因為這五題可能出題，而且我還不會；如果可能出題，但我一看就會的，就不必圈起號碼！切記千萬不能亂畫「重點」，因為有的「重點」不會出題；或者雖然會出題，但你一定會的，都不要畫線。

更重要的是要分析「怎麼出題？」我特別強調要畫連結的「關係線」，而不是「底線」。「關係線」告訴我們：這句話是這個人說的，或是什麼時間說的；這本書是這個人寫的，不是那個人寫的。這很重要，第一次畫好了，第二次複習時就很清楚了，其他內容都不用看，看這幾個記號就夠了！還有，剛說的那五個基本要素，如果你有自己想到的圖形或口訣，就把它畫（寫）在旁邊，下次看到圖形或口訣就記起來了。

範例3-2是我們從小就學的習慣，只要認為是「重點」，就在

課文底下畫線。以這個範例來看，有二十五行課文，就畫了十七行，重點大都畫到了，但對考試幫助不大！特別是下一次再複習時，還是有很多資料要看、還要花很多時間。

範例3-1只畫「關係線」，「正相關」畫箭頭（→），「負相關」打×，「兩者會搞錯的」打個＊字號提醒。①到⑤，代表這一頁「會出題」而且「自己還不會的」有五題。

針對不好背的「政府五項基本要素」，我又另外運用圖像聯想術、諧音口訣術兩種記憶術——如此一來，等第二階段複習（第一次剔除）時，就簡單而「明確」（只看圈起來的五題），便能省下很多時間了！

有同學對於我認為準備選擇題只要在課本上畫重點的方法感到疑惑，擔心這樣是否會準備不周全。其實在我看來，選擇題不需做全套筆記，只要做半套筆記（在課本上加工），可以節省很多時間，很快就能完成！

備考時，投資報酬率是考慮的重點！看哪種方式省時、省力，又容易得分。準備測驗題時猛做筆記當然很好，但花費時間太多，不符合成本效益！

所以，除了特難的、最後剔除不完的，才需要做A3大補帖筆記，作為考前全力背誦之用——這最符合成本效益！記住，不要用你習慣的無效方法！

壹、行政國與萬能政府(大政府)：

一、行政國與政府概念之新解：「行政國」乃一九四八年後發展迅速之一個主題，茲將其概要分述如下：(賴維堯等：「行政學入門」：1995：9~11)

(一)「行政國」之出現：

1. 行政學者瓦爾多(Dwight Waldo)，在一九四八年出版其個人學術生涯第一本專著「行政國：美國行政學的政治理論研究」(The Administrative State: A Study of the Political Theory of American Public Administration，該書於一九八四年二版再度發行)。瓦爾多是最早使用「行政國」名詞的人士，他的用意在於強調現代行政的成長，可以做為一門學術研究。

2. 資深的行政學者馬可仕(Fritz Morstein Marx)，於一九五七年出版「行政國：科層體制概論」(The Administrative State: An Introduction to Bureaucracy)專書，力陳「行政國」一語不是指稱立法及司法部門不再存在，而是形容國家或政府的發展狀況，已經到了行政組織及其運作特別的顯著突出。

3. 「行政國」現已是形容政府職能擴張，人民依賴日深的時代潮流下，行政部門已具有舉足輕重地位之用語，不過這並非指立法、司法權將消失無蹤，而是說行政的組織與運作變為特別重要了。

(二)政府概念的新解：

1. 英國學者羅斯(Richard Rose)認為：政府不是一個單一屬性概念，而是一個多元概念的抽象組合。政府是由法律、稅賦、公務員、組織、計畫五項基本要素所組成，請見模式圖。

2. 一個完整的政府治理過程應為：依法設置的政府機關組織必須動員所需資源(制定法令、課徵稅賦、晉用公務員)，然後將資源結合並轉換為施政計畫，進而將計畫內涵的財貨、服務或管制，傳輸到預期受惠的標的群體(target population)。

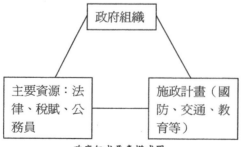

政府組成要素模式圖

看課文抓題時，一定要規畫每一頁的時間進度；若時間不夠，則適當減少每頁的時間，但同時減少每頁抓題的題數。

　　一般看書只求把書看懂，但就算全部看懂也記不起來，記起來也不一定考得好，為什麼？因為碰到找碴題就會搞混，你花十分鐘甚至十五分鐘看一頁也沒用！所以，一定要抓題，有人說抓題滿浪費時間。「不會！」最快一頁三分鐘，比較難的花五分鐘、八分鐘，甚至十分鐘也值得，因為下一次就很容易複習。但是一定要給自己一個限定的時間，怎麼限定？

　　例如這一科比較簡單，你看四頁假定十二分鐘（一頁需要三分鐘）；那一科比較難，從四頁的內容中抓題目假定需要四十分鐘（一頁十分鐘）。一般而言，平均每頁抓題的時間大概在一頁三分鐘、五分鐘、七分鐘、十分鐘，一頁看十分鐘是最大限度。

　　當在設計備考計畫時，要自己先測驗這一科一頁要看幾分

鐘，假定這本書五百頁，看一頁需要三分鐘，一千五百分鐘除以六十分鐘，算出需要二十五小時；如果看一頁要十分鐘，就需要八十三小時。把所有科目的時數加起來，看夠不夠時間，這很重要，不要認為看懂就好，這樣不但沒有效率，對分數也沒太大幫助！

建議不需用手機或計時器設定時間在一旁響，會太緊張！大概以一小時為主，如果一頁三分鐘，一小時二十頁，當從九點念到十點，就從第一頁到第二十頁做個記號；十點到十一點，第二十一頁到第四十頁做個記號，以一小時為單位來算。

如果進度快，你就可以休息一下，讓自己有成就感；進度太慢就要趕一下，切忌漫無時間限制下「看懂書」，很浪費時間！

有人會問，「如果備考時間不夠了，怎麼辦？」那要以時間為主！比如原本一頁需要三分鐘，就改為兩分鐘，兩分鐘的時間可能只夠抓兩題，不夠做地毯式的抓題，那就只抓重點。

要領

5

應用「意義聯想術、圖像聯想術、諧音口訣術」的妙計。

　　針對課文中較難、較複雜的內容，要運用熟悉的記憶術背誦，而非死背。

　　這裡要介紹幾個有助於背誦的方法，例如下面這個題目：

　　詹森認為大政府之執行工具大致可歸納為五項：

1. 現金給付。

2. 底層結構建設與養護。

3. 服務提供。

4. 行為管制。

5. 治理能力。

每次看到這種條列式的內容，就要敏感地想到會出找碴題，簡單的可能會出：「這五項是誰提出的？」詹森、羅斯、瓦爾多，或是其他人說的。這是屬於「何者為是？」的題型。

　　另一種出題法就是：「以下四種何者為非？」把這五項的其中一項換成一個其他的，你就會被搞混。

　　我們應付的辦法就是：設法把「對的項目」很有效地背下來，其他的就是「錯的」嘍！以下再舉例介紹幾種幫助背誦的技術：

1. **意義聯想術**：「現金」就是用錢，用錢買什麼？一是硬體，硬體就是「結構建設」；另一是軟體，軟體就是「服務提供」；然後再管、理，「管」就是「行為管制」，「理」就是「治理能力」——一個大政府就是要拿很多的錢來蓋硬體（底層結構建設與養護）、買軟體來提供服務，再來「管、理」。

2. **圖像聯想術**：這五項也可以聯想成圖像，畫一個人，頭畫鈔票（＄），兩隻手畫一個硬體、一個軟體，然後才能走到目標——兩條腿一個「行」、一個「治」（至）。你當然也可以畫出其他圖形，這要下點工夫做巧思嘍！

3. **諧音口訣術**：這個方法很有意思！把這五項的第一個字連起來「現底服行治」，還要配合意義聯想法、用諧音才記得起來。例如：「現底」一個煙毒犯被抓起來要「現底」，連內衣、褲

都要檢查；要「服刑」一年才能「治」療他的毒癮。把「現底服行治」改成「現底服刑治」這樣就記起來了。這個口訣也要寫在課本的旁邊做記號，下次複習的時候很快就可以背起來：「現底服刑治」。

　　總之，看書時不能光畫底線，要出題，要分析，還要畫相關的連結線，並且設計口訣或圖像等把它記起來，這是一種能力。

看課文時，要運用「集中精力原則」，千萬不要把不會考的、已經會的也畫線、圈題、勾重點。

　　準備選擇題時，「不會考的」或是「會考但已經會的」就不要畫線！各位一定會問什麼是「會考的」、「不會考的」。 課文中其實很多段落是「不會考的」，只要看出不出得了題目就知道！事實上，在有限的備考時間裡，我們還有太多「不會的」或「容易搞錯的」材料，需要進一步分析比較並運用記憶術多次背誦，要集中所有心力來對付它們，不可能還行有餘力來浪費在那些「不會考的」、「已經會的」內容上面！

　　一般人的習慣是每一個都畫，除了每一條都畫線浪費時間之外，下次要複習的時候也勢必要再看一下，更浪費時間。所以要養成習慣，隨時問自己：「會不會？」若已經會的就不要畫線，這很重要！

要領
7

運用逐次剔除法剔除「圈題」時，要
善用「先想後看原則」。

　　每個科目的測驗題題庫少則數百題，多則一、兩千題，要全
數克服相當不容易！若需克服題庫一千題，應在第二階段逐次剔
除法再進行題目演練跟剔除，還是第一階段備考計畫就可以開始
進行？

　　我認為在正常情況下，應到第二階段再做題庫練習，但若時
間允許，第一階段即可剔除一到兩次會比較安心。但建議要運用
「四不」（四個千萬）、「四要」（四個最好）等要領。

　　「四個千萬」如下：

1. 千萬不能看完課文立刻做題庫（因為做對的可能是暫時性的記
   憶，也不能剔除）。

2. 千萬不能邊寫題目、邊對答案，應將該單元全部做完才一起對

答案;「答錯的」（含「猜對的」）應回到課文上「分析出」弄錯的原因。

3. 千萬不要把答案勾到考題裡（因為下一次剔除時，會看到答案;以至於答對的也不是真會的，而不敢剔除）。

4. 千萬不要邊看答案、邊背;要善用「先想後看原則」，「想對的」才是「真會的」，才能放心地把它剔除掉。

　　還有，「四個最好」如下:

1. 最好等到將課文全部「圈題」完畢，並施行第二階段課文第一次剔除後再進行題庫練習;因為答對的題目越多越有成就感。

2. 最好把答案寫遠一點，也不要把答錯的分析文字寫在題目旁，以免下一次作答看到答案或相關解析文字，造成答對的題目不見得是真會的題目，就不能放心剔除。

3. 最好不要今天剔完一次題目，明天馬上接著再剔第二次題目;因為做對的可能是暫時性的記憶，不便剔除。

4. 最好在考前一週將課文「圈題」及題庫尚未剔除掉的題目，統整並分析成幾張A3大補帖（錯誤訂正筆記），留作考前一小時全力背誦;這時候，才可用「看的」來強記。

　　逐次剔除法是備考最有效的方法之一，但其必要條件是運

用「先想後看原則」──此即在進行逐次剔除法以剔除課文中的「圈題」時，只許「瞄一下問題」（不看內容）就先默想；很快就想出來的，代表已經會的，才能放心地把它剔除掉；下一次就不用再重複地看已剔除掉的題目。

切記，用想的比用看的有效──唯有「想得出來」，才能「記得起來」，也才能「寫得出來」！你必須徹底改掉「一直看著書背誦」這類效果不佳的舊習慣，改用「想得起來的就是已經會的」、「剔除掉的就不容易再忘記」的高效方法。

要領

8

考前至少留一個月施行第二階段的逐次剔除法，要將課文的「圈題」和題庫題目分別剔除三次以上。

　　考前要留至少一個月或一個半月進行逐次剔除法，如果時間真的不夠，起碼要留兩個星期。但是第一階段就要善用零碎時間默想，第二階段才能有效剔除。第二階段的逐次剔除法建議要進行三次以上。不管課文的圈題或是題庫，第一階段的抓題要抓得很周密並謹慎。

　　比方，某一科有五百題題目，第二階段第一次剔除時，可剔掉一百題剩下四百題；第二次看過又剔掉一百題剩下三百題；等到看過第四次，你只剩下一百題——那這一百題就是和你習慣領域裡面沒關聯的東西，也就是最難背、最容易搞錯的東西，但所剩已經不多，你就留到考前幾十分鐘「死背、活背」地把它們完全搞定，那是絕對有可能的！

這最後的一百題，可以考完後當下即忘，永遠把它們剔除掉，讓它們離開大腦的儲存範圍，留下空間儲存些有意義、有趣的資料！

要領
9

利用小卡片或錄音機簡單摘（錄）下課文的「圈題」重點，隨時隨地默想或複習。

我一直強調要有效運用平時零碎的時間，在備考計畫第一階段就應善用零碎的時間默想，才能確保第二階段的逐次剔除法有效達成！有讀者提到：

勾選完測驗題的考試重點後，在第二階段逐次剔除法開始施行前，是否該額外排定時間閱讀已勾選的重點呢？

我的建議是，不必另排時間閱讀，但必須在第一階段就要充分利用零碎時間默想。零碎時間很多！早上起床刷牙、洗臉的時間、上班在交通車上的時間、等約會或會議之前的時間、下班後交通的時間、餐後散步的時間、洗澡、睡前的時間等。

至於如何運用零碎時間？

　　有兩種方法，一種用小卡片，一種用錄音。小卡片就是把課文裡「圈題」圈下來的簡單重點，運用有效記憶術重點記下，利用零碎時間拿小卡片出來默想，或聽錄音所錄下的圈題重點（不要錄全部課文，浪費時間），如此一來，平常就在背誦該記憶的東西，還能背誦好幾次，等第二階段進行剔除時，就會比較容易處理！

要領
10

臨考前，力克一張「A3大補帖」。

考前兩、三天，要把注意力集中在課文和題庫中，針對那些尚未剔除、會搞錯、背不起來的內容，把它們寫成一張A3大補帖，考前半小時、一小時就要把它們「死背、活背」地背起來，考完或沒有考出來的，當下即忘！

備考就像打仗，要「正確區分敵友」，並且要善用「逐次剔除法」把敵人逐次地減少（縮小「打擊面」），最後再一舉消滅最難纏的敵人！

怎麼樣算是「朋友」？看課文時要練習出題，這樣出題你會不會，會的就是「朋友」，任何線都不用畫！題目這樣出題，不會的才圈起來。等第二階段複習課文的時候，假定這一頁有五題，第一、三、五題你又會了，就把它們打「×」，它們就變成

你的「朋友」了！

剩下第二、四題你還不會的（敵人），下次再克服它們。經過反覆複習（剔除），並堅持到臨考前幾分鐘，你必能「克服頑敵，登峰造極」！

範例3-3的「A3大補帖」，原則上每科一張，為什麼要用到A3紙呢？因為才夠用、好寫！臨考前，大家都抱著一大堆東西在念，而你只需這薄薄的一張紙，多神氣啊！

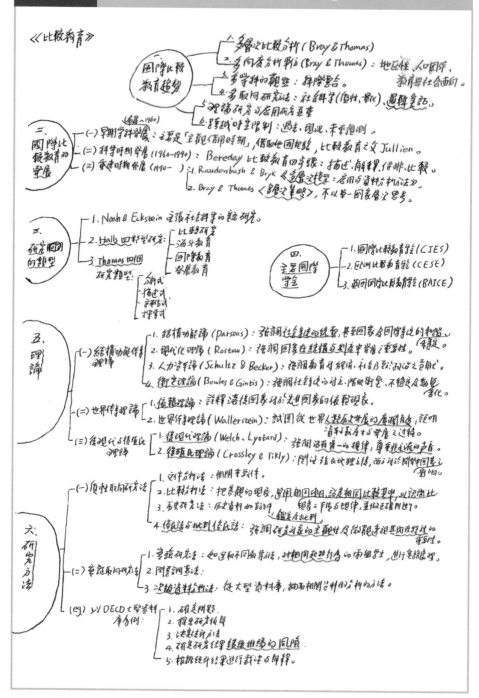

《比較教育》

國際比較教育趨勢
一、多層之比較分析 (Bray & Thomas)
二、多向度分析單位 (Bray & Thomas)：地區性、人口團體、教育與社會面向。
三、多學科的觀點：科際整合。
四、多取向研究法：社會科學（質性、量化）、邏輯實證。
五、理論研究與應用研究並重
六、打破時空限制：過去、現在、未來的預測。

二、國際比較教育的發展
(一) 早期哲學旅居 (...至1960)：主張是「主觀借用時期」，借取他國經驗，比較教育之父 Jullien
(二) 科學時期發展 (1960-1990)：Bereday 比較教育四步驟：描述、解釋、併排、比較。
(三) 重建時期發展 (1990-) 1. Raudenbush & Bryk《多層之過程》：運用統計資料分析法。
　　　　　　　　　　　　　　2. Bray & Thomas《多層之差異》不以單一國家層次思考。

三、研究取向的類型
1. Noah & Eckstein 主張社會科學的實證研究。
2. Halls 四類型研究：比較研究、海外教育、國際教育、發展教育
3. Thomas 四個研究類型：分析式、描述式、評估式、探究式

四、主要國際學會
1. 國際比較教育學會 (CIES)
2. 歐洲比較教育學會 (CESE)
3. 英國國際與比較教育學會 (BAICE)

五、理論
(一) 結構功能作用理論
1. 結構功能論 (Parsons)：強調社會系統的統整，甚至國家與國際走向的相關性。
2. 現代化理論 (Rostow)：強調國家在經濟發展到富裕中教育之重要性。
3. 人力資本論 (Schultz & Becker)：強調教育與經濟、社會及政治之貢獻。
4. 衝突理論 (Bowles & Gintis)：強調社會的對立、階級衝突、不穩定及意識型態變化。
(二) 世界體系理論
1. 依賴理論：詮釋落後國家對於先進國家的依賴現象。
2. 世界體系理論 (Wallerstein)：試圖從世界人類歷史發展的歷溯層面、證明落後國家的教育是過度依賴。
(三) 後現代與後殖民理論
1. 後現代理論 (Welch、Lyotard)：強調沒有單一的規律、尊重非主流的聲音。
2. 後殖民理論 (Crossley & Tikly)：問沒有絕對比獨立性，而是相於開發中國家之使向。

六、研究方法
(一) 質性取向研究法
1. 文件分析法：相關重要文件。
2. 比較分析法：把客觀的現象，運用相同項目，設定相同比較單準，以認識對照。結論：手段與規律，並做出合理的解釋。
3. 歷史研究法：歷史資料的解讀、鑑識及批判。
4. 俗民誌與批判俗民誌：強調研究對象的主體性及從微觀事視其內在結構的重要性。
(二) 量化取向研究法
1. 實證研究法：如選取不同學題，對相同議題進行的兩組學生，進行實驗處理。
2. 問卷調查法：
3. 次級資料分析法：從大型資料庫，抽取相關資料的分析的方法。
(eg.) 以 OECD 大型資料庫為例：
1. 研定問題
2. 提出研究假設
3. 決定資料方法
4. 研究結果繼續推持的問題
5. 根據結果結果進行統計的解釋。

圖二　測驗題高分策略

新習慣		好策略		舊習慣
先「審題」	YES	**1 題目取向** 了解出題題型	NO	先「看書」
依考試題型 「抓題」	YES	**2 地毯式抓題法** 在課文中仔細而周密地抓題 （圈選）	NO	全面看書，以求 「理解」
善於連結 「關係線」	YES	**3 找碴題分析法** 分析「何者為非（是）」題 型	NO	純粹在重點「底 線」
活記	YES	**4 有效的記憶術** 以口訣術、圖像術、聯想術 幫助記憶	NO	死背
將「真會的」放 心剔除	YES	**5 逐次剔除法** 逐次複習課文，「真正會 的」圈號打×	NO	針對「不會的」， 反覆研讀
課文抓題後，隔 一段時間才做題 庫	YES	**6 （考前一個月）** 做題庫，逐次剔除「已真正 會的」題目	NO	研讀課文後，馬 上做題庫
針對極少數「還 不會的」課文、 題庫下工夫	YES	**7 （考前兩、三天）** 將未剔除的課文、題庫，分 析出「A3大補帖」	NO	針對「所有」課 文、題庫內容重 點下工夫
全神貫注、分秒 必爭	YES	**8 （考前半、一小時）** 力克「A3大補帖」	NO	與人聊天、討論 考情

穩拿測驗題高分！

第 **4** 章

作文與公文
實戰策略

策略 1

分析作文題型，並廣泛蒐集有關的文章。

　　首先，要分析真正考試作文的題型，當然要先看考古題。有些特考有中、英文作文，高考有中文作文，作文的題型若從考古題分析，大概有三類：

　　第一大類是道德修養類，談立志、談有恆、談犧牲奉獻，也有談愛國、談讀書、談交友、談清廉、談行政中立等議論性的文章。

　　第二大類和時事有關，比方地球暖化的問題、環保的問題、核能的問題、是否增加稅收的問題、國家主權的問題等，特別是在考前一年的時事議題，都可能出題。

　　第三類和個人專業、生涯發展有關，比方考金融，就會出和金融專業有關的作文；考外交官就可能出「你為什麼要當外交

官」；考調查局就可能出行政廉能等問題。

　　一般就是考這三類型，不會考遊記、抒情文、感性的文章。所以分析好這類考試的相關題型後，你就可以從題型的方向廣泛地蒐集文章，最方便的方法是找有關於中、英文一百篇作文的書；書店有這種書，圖書館也有。

　　比較難的是專業和時事性的問題——你可以從中、英文報紙社論或是期刊雜誌有相關的文章蒐集；跟生涯發展與專業有關的題目也要蒐集。

　　假定你手上有這三類題型的文章約一百五十篇，包括剪報、雜誌、期刊的文章，還有考大學的作文用書，專門為高考、特考準備的中、英文作文精選等，差不多就夠用了！

平時利用零碎時間，勾選有意義的句子三百句。

　　收集好作文參考文章的下一步，就是運用零碎的時間勾選有意義的句子。因為有時念書念累了，或是不能把書攤開做比較長時間的閱讀時，你就可以利用空檔勾句子，又不會耽誤正事。

　　怎麼做呢？勾選「有意義的句子」有幾個條件：

　　第一，要勾選的是「句子」，而不是「成語」。

　　第二，要勾選「半熟的句子」。自己很不熟、背不起來的句子，絕對不要勾選（因為勾選了，你也背不起來），而是勾選曾經念過的、有親切感的句子。

　　第三，句子要符合簡單、容易背的原則。句子若很長，不容易背起來，尤其英文文法很複雜的，也擔心背不起來，不如不選，要找簡單的句子。中文也一樣，有些古文很長，根本背不起

來，就摘錄其中一小段，或乾脆不要勾選這一句。

第四，含義廣泛的句子。這種句子可以運用在各種類型的文章裡，最好！如果有些句子只能用在獨特的文章裡，那就不要勾選。

根據以上這四個條件，利用平常零碎的時間把句子勾選出來、畫下來，比較長的句子如果只用一半，就把不用的刪掉。只要勾選三百個句子就夠了！

英文作文也是同樣道理。由於英文不是我們的母語，所以特別要注意選一些沒有生字的句子，如果有些生字要查字典，就不要選那個句子；若那些生字對你而言有點熟悉，又可以很容易背起來，那還可以，否則寧可不要。

還有，只挑簡單的句子，如果有很多副詞子句、關係子句，句子又長、又轉來轉去，不好背，寧可不要。

把三百句分配成十五題，每題補上名言、成語。考前再加三到五題的時事議題。

　　第三個策略就是將挑出的三百個句子分別抄在三百張卡片上，切記必須一句一卡，以利下一步的靈活分配。

　　記得在第二個策略中的勾選句子，一定要自己執行；如因時間關係，第三個策略的抄卡片工作可以請人幫忙。

　　接下來，請安排讀書計畫，找時間把三百個句子分成十五個題目，比如：「道德」、「公德心」分成一題，「有恆」、「立志」分成一題，再分「成功」、「失敗」一題；談到「地球暖化」的問題又為一題，談到個人的生涯發展則為另一題，再談到專業部分，如「廉能政治」是一題……，就把三百個句子分配到十五個題目中，平均一個題目約二十張卡片。

　　如果有一個題目有五十張，你就再分成兩題；若有一題只有

五張，那還不夠，就要再加進十來張，湊到將近二十張。有些題目可能找不到材料，只有兩、三張，你就必須特別再找些文章的句子，把它們湊成十五到二十張卡片。

每題除了這十五到二十張卡片上的句子外，你可以額外再加兩、三句的佳句，如格言、名言或成語等。

或者你就把這些熟悉的名言、格言抄個三十句備用；平常在報章雜誌看到有些熟悉又有親切感的的名言、佳句，也可把它們抄在筆記本上，到時就能派上用場。

假定每個題目有二十張卡片，加上佳句、成語、名言、格言有兩張卡片，共二十二張卡片。你可以安排兩天的時間，將每一題約二十二句的句子，按照自己的思維，放到要寫的文章裡。

例如：第一張的句子放在本文第一段，第二張的句子放在前言，第三張的句子放在結語，第四張的句子放在前言，第五張的句子放在本文第二段，第六張放在本文第三段，第七張放在本文第一段，第八張放在本文第二段……。依照自己的邏輯思維順序，看這些卡片應該放在這個題目的前言、結語、本文第一、二、三段的哪一段？（請參照資料二）。

通常除前言、結語外，我會將本文再區分為三段，二十二張卡片都分配好在一篇文章的架構後，我就開始「參考」卡片的內容，依第一張到第二十二張的順序寫成一篇作文。

資料二	依照自己的思維邏輯，把適當的句子放在適合的段落中

前言	第1段	第2段	第3段	結語
第2張	第1張	第5張	第6張	第3張
第4張	第7張	第8張	……	……
……	……	……	……	……

　　但請注意，這二十二張是給你「參考」的句子，並不表示一定要全部寫進去，不合用可以不用，你要加加減減、修修刪刪，按照自己的意思把這二十二張當作參考材料，寫出一篇好作文。

　　考前所編寫出的十五篇作文的特色在於：由於是自己編成（重組）的文章，是依照自己的邏輯順序，所以很好背誦；而且，利用平常零碎時間默想就可以，不必花費正常的備考時間。

　　另外，考前一個月要再找新的三到五題時事性題目。時事性的題目可能要從網站、報章雜誌好好蒐集，這幾題很重要，搞不好這三、五題就是考題中的作文題。

考前一、兩天若有時間，再把總共十八到二十題的作文重新默寫一遍，以加強記憶。

萬無一失的「分段重整寫作法」。

依照我的經驗，不管中、英文作文，前述的準備方式可說是萬無一失！無論什麼題目，只要不是抒情、遊記等比較軟性的題目，幾乎都可以套用。

我建議各位應考時的作文不用「起、承、轉、合」的方式，而是將「作文申論題化」，分為：「前言」、「本文三段」、「結論」共五段，以便無論遇到什麼題目，都可以有效靈活應用。

舉個例子，比方一〇一年的高考作文題目是：「衡情酌理，守正修仁」。

如果用「起、承、轉、合」四個概念來寫作很難！相對的，如果採用「作文申論題化」就會比較容易。例如我在「前言」常會找些名句起個頭，以三、兩句組成一段前言。至於本文則分三

段，可以用「情、理、法」各寫一段，來說明如何「衡情酌理，守正修仁」：

第一段「情」，可以從提到「談人情味」的文章中抓一段來；第二段「理」，從「道德修養」的那篇文章中抓一段；第三段「法」，則從「法治、依法行政」的文章中抓一段。

為什麼要用情、理、法三段？因為剛好我準備的十五篇到二十篇文章中，有幾篇講到情、理、法有關的段落，現成好用！

如果你要將這篇作文導向到公務員為什麼要「衡情酌理，守正修仁」？則可以分成以下三段：

第一，從公務員是代表政府的立場來看，因為你代表政府，所以你要做得公正才合情、合理。

第二，從服務的對象「民眾」的立場來看，民眾要正確地受教化並循規蹈矩；但民眾有困難，在不違反依法行政的原則下，你要合情、合理對待他。

第三，從公務員個人的修持來看，本來合情合理、守正修仁，就是一個人有好修養、好人生觀的表現。

從以上三種段落來看公務員為什麼要「衡情酌理，守正修仁」，雖不是使用「起、承、轉、合」的鋪陳，也會是一篇好作

文！

　　所以，考場實作的時候，我通常都是從「自己準備好的文章」裡面，一段一段地搬過來，當作實際作文考題的內容。這是「合情、合理、合法」的作文「重組」方式，絕對可以把你原來的實力分數再多加個五到十分！

　　為了要試驗這個「分段重整寫作法」的操作是否簡單有效，我在七張星期堂開了一個作文衝刺班的讀書會，共有二十人參加，每人提供三十二個句子。本來，應由考生親自挑選自己熟悉的三百個句子，但是時間上來不及，我們便分配每人提供三十二個句子，再從六百多個句子中挑出三○七句，然後依照「作文備考步驟與要點」（如資料三）實際操作這個方法。

　　以會友馮芳琬為例，她先把三○七句依個人的習慣領域分成十五個主題，第一個主題是「學習」，最後一個主題（第十五個主題）是「自省」，範例4-1是她自己分配的示意表，這個工作必須用自己的邏輯思維才會記得住。當天她抽到的題目是「論有恆」（如資料四），後來她運用了「分段重整寫作法」寫成了這一篇一千一百九十一字的文章，分成五段寫，請看範例4-2。

「多元素材重整寫作法」備考步驟與實作要點

一、 自行勾選「好句子」共計三百句：

（一）勾選自己「耳熟能詳」、「簡單易懂」的好句子；寫在卡片上，一句一張。

（二）其中「名言」約五十句，「好用的長句子」約二百五十句。

（三）「好用的長句子」舉例如下：一至三句好用，因為用字實在（你也可以改寫）；四至六句不好用！因為過於「抒情」（不太適合議論文）。

（○）1. 我們為人、做事，若要~~（挽狂瀾於既倒）~~能有守有為、無愧於心，就非得深具責任感與榮譽心~~（所產生的巨大力量）~~不可。

（○）2. 小至個人行事，大至治國安天下，有平時良好準備，必可自在從容、遊刃有餘。

（○）3. 身為現代公務人員，除廉潔自持、熟悉法規、嫻熟溝通技巧外，並應~~（人情事理練達）~~主動積極、守經達變，方能提供民眾最滿意的服務。

（×）4. 激流的泉水，永遠清澈；奮鬥的人生，永遠光明。

（×）5. 太湖石因頑固而受重視，天空雲彩因變化而受注

（續下頁）

目，變與不變，見仁見智。

（✗）6. 春暖花會開！如果你曾經歷過冬天，那麼你就會有
春色！如果你有著信念，那麼春天一定會來臨；如
果你正在付出，那麼總有一天你會擁有滿園花開。

二、「素材重組」實作要點：

1. 素材僅提供寫作時之參考，是「幫助」而不是「限制」
（你可以選而不用）。

2. 若「名言」太長，則可刪短；「好用的長句子」可刪短或
「改寫」（還是可用）。

3. 將三百句（得加上自己另外準備的句子）依照自己的邏輯
思維，歸納為十五個主題（每篇約二十句）；並撰寫成十五
篇作文：

（1）先將「名言」分成十五個主題（依自己的習慣領域，
加上考題可能的「題型」）；

（2）再將「好用的長句子」平均分配到適合的主題；

（3）再將每個主題約二十句分配前言（二句）、本文三段
（每段五句）、結論（三句）；

（4）寫作的方式採「作文申論題化」（即前言、本文三段、
結論），而不採用傳統作文的「起、承、轉、合」模
式；並得增加「名人事例」以強化論點。

（續下頁）

三、 其他注意事項：

1. 寫完後，應善用平日零碎時間「默想」。
2. 考場實戰時，必可從容不迫地「分段重組」；起碼可以「引用嘉句」，或改寫句型、充實素材。
3. 專業性題目及時事議題，應另外準備五題左右（很重要！）。請隨時蒐集相關的文章和好句子，考試前一個月再做「考前猜題」。

範例4-1 「分段重整寫作法」示意表

「分段重整寫作法」示意表

（以「論有恆」作文題為例）　　　　　　　　馮芳琬整理

編號	主題	1.前言	2.本文（一）	3.本文（二）	4.本文（三）	5.結論
1	學習	29	讀書 38.65.67.114.230	不斷勤奮學習 44.68.117.126.140.181.227.296	不斷勤奮學習 44.68.117.126.	212
2	成功與失敗	3.71.307	累積.好方法而成功 118.129.204.211.241.245.	失敗孕育成功 59.112.119.127.134.169.184.203.251.257.282.284.292.	成功後回饋 70.150.178.75	28.47.83.103.176

（續下頁）

編號	主題	1. 前言	2. 本文（一）	3. 本文（二）	4. 本文（三）	5. 結論
3	堅持與努力	297. 245	勤勞 21.84.113.254. 305	（二）堅持 57.178.250.274. 304.	勞苦.不怠惰 22.23.39.40.57. 60.130.213. 286	32. 299. 241
4	行政與法治	51	行政 177.219.220. 277.278	法治 201. 234.236. 237.267	正身.廉潔 14. 91.159. 229.297	52. 216.
5	態度	308	自己決定 179.202	換角度想 108.121.136.197. 223.252. 261.289	看重自己 17.122.124.137. 158.303	125. 301
6	尊重. 包容. 快樂	121 143	尊重 76.109.111.154. 161.163	包容 18.40.66.107. 253.272.285	快樂 135.191.196. 295	108. 109. 19. 214. 231
7	逆境與挑戰	20. 217	死於安樂： 99.167 不囿常規： 72.94.104. 239.271.	（三） 失敗挫折會更好 226.288.223. 188.76.161	突破的方法 勇氣.立志.努力 142.215.185.300. 273. 116.138.188.270. 210.	145. 221
8	公務員的工作	225	廉潔 92.80.160.229. 159.259	服務 4. 93.162.180.	人情 54.100.165.172. 191.266.268	6. 309
9	立志. 目標	173	（一） 自己決定.立志 136.23.252.232. 269.	信心.信念 55.85.168.298. 192.306 策略計畫 42.249	生命意義在過程 7.19.106.125	189. 194

編號	主題	1. 前言	2. 本文（一）	3. 本文（二）	4. 本文（三）	5. 結論
10	大愛	26. 146	愛國 27.98.133.157	貢獻 77.247.214.81. 299	生命意義–工作. 努力215.149. 151.294.182	206. 208
11	把握 時機	36. 183	惜時 13.82.120.128. 170	把握機會 48.86. 190.269.280	3.把握當下 37.115.132.240	302.
12	自律	73	自我信心 141.176.182	自我約束 50.69.102.105.	自我實現 11.88.265.274	209
13	踏實	244	努力 12.147.148.250. 290	實在 45.207.222.233	從根做起 24.43.211.240. 241	222. 281
14	敬業	1	察事精微 78.90.186.283	處事敬虔 35.103.202	臨事負責 89.174.260	152. 235
15	自省	10 231	自省工夫 16.171.258	反求諸己 25.87.205	勇於實踐 255.276.301	175. 215
考題	論有恆		（一） 有恆首在「立志」	（二） 有恆貴在「堅持」	（三） 有恆終在「面向挫折時的轉念」	

註：綠色字表示：真正考題用上上述哪篇文章之哪個段落的哪一句。

「多元素材重整寫作法」模擬考古題題目

1. 反求諸己（101普）

2. 衡情酌理，守正修仁（101高）

3. 總能做一件事（100地特四等）

4. 論有恆

5. 簡約生活帶來的好處（100普）

6. 恪盡職守，主動積極（100高）

7. 傾聽民意（99地特四等）

8. 維護傳統與因應潮流（99地特三等）

9. 學習與創意（99高）

10. 知恥自律，成就明天（98普）

11. 志業與職業（98地特四等）

12. 依法行政與服務優先（98地特三等）

13. 我的工作藝術（98高）

14. 操守廉潔，盡忠職責（98普）

15. 積學與酌理（97地特四等）

16. 處事精微，臨事敬慎（97地特三等）

17. 台灣需要一個互相尊重的社會（97高）

18. 如何尋覓快樂的泉源（97普）

19. 論國家尊嚴與個人尊嚴（96地特四等）

（續下頁）

20. 論人文精神與其時代意義（96地特三等）

21. 溫室氣體減量策略（96高技術類）

22. 行政中立與國家利益（96高行政類）

23. 擁抱生命中的每一分鐘，彩繪理想中的每一筆絢爛
（96普）

25. 生命中的堅持（95地特四等）

26. 信念與成功（95地特三等）

27. 如何提高自己的創造力與競爭力（95高）

28. 慎己戒滿（102高）

29. 講理（102普）

註：以上是「行政類」的作文考題；有關專技類的作文考題應更具
專業性，比如，不動產估價師之「珍品」、司法人員之「刑責之
適切性」與海岸巡防人員、關務人員之「海洋」；律師之「法律
與人情」、身心障礙之「形體有限，心靈無限」，以及會計師之
「選擇與放棄」等作文考題。以上專技考試人員應努力蒐集相
關專業之好句子，以重整成適合其專業之十五篇好文章。

論有恆

馮芳琬撰寫

（297）人生就是一場對種種困難無盡無休的鬥爭，一場以寡敵眾的戰鬥，若要開創成功的人生，就要靠（245）一步一步踏實而持久的努力，積少成多的效果往往像「柳暗花明」般突然呈現在眼前，邁向人生的康莊大道。俗語説：「失敗為成功之母」；我認為：「有恆是成功之父」——一切事情的成功，關鍵在於「有恆」。

然而，有恆首在「立志」。（23）老子有云：「千里之行，始於足下。」成功的人生，開始在於踏出的第一步——人生目標的選擇。（136）每一個人都要立志，都要有期待和準備，只有這樣，才能在面對困難的時候不會妥協，才能有所收穫；但在這個過程中要明白自己要做什麼、喜歡做什麼，這樣才有克服困難的勇氣和動力。（282）俗話説：「樹的方向由風決定，人的方向由自己決定。」（269）人生的目標需要自己決定，生命的步調需要自己掌握，生命的難關也要有勇氣跨越，才能邁向人生的坦途。

（續下頁）

有恆貴在「堅持」。（178）機會是留給準備好的人，成功是屬於最堅持的人。（274）成功不在於快或慢，而在腳步不停，特別是能夠堅持到底者。我國古代大文豪（57）蘇軾曾說：「古之立成事者，不惟有超世之才，亦必有堅忍不拔之志。」竊以為「堅忍不拔之志」重於「超世之才」，有個世界著名的研究發現足資證明──美國芝加哥大學曾做了一個長達六十年的縱貫性長期研究，鎖定一千六百二十三位十五歲左右智商在一百三到一百五之間的男女學生，追蹤到六十年後這些人的發展情形。研究發現指出：在事業上最成功者，與他們的「智商」無關；卻與他們是否能「堅持不懈」有顯著的正相關，也就是說：他們的事業成功，歸因於努力不懈與堅持到底，而不在天資聰穎與否。

有恆終在「面向挫折時的轉念」。人生不如意者十常八九！面向挫折的心態，是人生成功與失敗的分水嶺。（76）美國總統林肯曾說：「困境對於人們會產生不同的作用：正像炎熱的天氣，會使牛奶變酸，卻能使蘋果變甜。」挫折與困頓，（223）看似阻擋去路的一道牆，卻是人生的試煉石，讓人生更加精采而散發光芒！（161）那些沒有品嘗過挫折的人，永遠體會不到成功的喜悅；那些沒有經歷過挫折的，人生並不完美的。真正有成就的人，都是在經歷了失敗和挫折之後才取得輝煌成就。所以每當（188）遇到挫折、陷入困境時，只

（續下頁）

要內心轉念──「困苦是磨練人格的最高學府」、挫折正是人生的試金石，更加努力拚搏，就一定會渡過難關，贏得令人敬佩、自己欣慰的燦爛人生！（288）有句話説：「只有在天空最黑暗的時候，才看得見星星。」聽起來詩情畫意，卻是人生的真諦：「磨難的人生，才品嘗得出美味。」

（32）「天行健，君子以自強不息。」《易經》上歸納人事天理運轉之法則，也就在於「行之有恆」。「有恆」的力量，可以「鐵杵磨成繡花針」，也足以（299）「涓滴之水終可穿石」，不是由於它力量強大，而是由於晝夜不捨地努力不懈的結果。人生多有曲折路，（241）當你走過一段生命的歷程，再回過頭來常常會使人發現真理。我輩若能立下「服務萬人」之志，且能堅持不懈、「行之有恆」，終必能享受「芬芳」美滿的人生！（1191字）

註：上述句子前之編號，即本書附錄──307句名言佳句之編號。

第一段前言，她從第三主題「堅持與努力」的第一段前言中，引用兩段佳句並經過改寫而成。

　　本文分三段，第一段寫到有恆首在「立志」，是用到第九個主題的第一段自己決定、立志，整段搬過來運用。至於本文第二段談到有恆貴在「堅持」，是從第三個主題第三段「堅持」這一段重組過來。然後，本文第三段談到有恆終在「面向挫折時的轉念」，這是從她的第七個主題中的第三段「失敗挫折會更好」整段搬過來改寫。

　　最後一段結論，提到《易經》名言「天行健，君子以自強不息」及「涓滴之水終可穿石」的佳句，乃從第三個主題「堅持與努力」的結論搬過來改寫而成。

　　你看這篇文章有名言、佳句、事例，加上字數超過一千字，應該可以有四十五到五十分的高分，這就是「分段重整寫作法」的妙用。

　　不論中文或英文作文，這種作文備考法有幾個優點：

　　第一，不會有錯字，因為所選的句子是你熟悉的句子，基本上沒有生字；如果一篇英文作文寫了很多錯別字，一定被扣分。

　　第二，文法不會錯誤，因為都是別人的好句子，基本上，文法是不會有大錯誤的。 文法錯誤是很難看的！例如，外國人寫中

文「你好嗎？」寫成「媽你好！」或「你媽好！」能看嗎？這個分數就會很低了。如果文法上不會有大問題，基本的分數一定拿得到。

第三，這二十二句都是自己找的，順序也是照自己的思維重組、編排的，所以很好背。

第四，不管考試出什麼題目，都可以適用！意思是，光準備這十五到二十題，每一題五段，你已準備了七十五段到一百段的內容，任何一個題目來了，你就從這些文章中抽出五段來重組運用，都可以套用！即使不行，也有三百個「句型」可用。

第五，因為你不是重新寫作，而是重組、複製過來的段落，所以很節省時間，可以在很短的時間內，不慌不忙地寫出一篇好作文。

公文備考法應設法記住公文格式及
「公文寫作項目聯想」的參考要項並
熟練之。

　　公文備考法要先記得發文的要件外，還要熟練「主旨、說明、辦法」這三段的寫作法。我設計了一個公文寫作項目聯想的參考要項（如範例4-3），供公文寫作時，可做多元而周延的思考。

　　「主旨」就是將考題的題旨精簡後，後面加上一個「請查照」就可以。「說明」通常分為四項：第一項一定是依據某一次會議，或是某一個長官指示的事項辦理，這一定要放在第一點，不能缺。通常題目裡面有這樣的文字，把它引用過來就可以；如果題目中沒有，則要設法「創造」一個。

　　說明的第二項通常要有一點聯想，要做背景的介紹，這個公文為什麼要辦理，除了依據長官的指示、會議的決議事項外，

大概把時代背景介紹一下。通常寫「有鑑於」什麼事情，比方，十二年國教的主題，就「有鑑於十二年國教事關孩子的未來，每一位家長都非常重視，所以……」等。

第三項通常寫發文理由，題目上有一些文字是關於理由的，把它摘錄過來就可以；如果題目上沒有，可以不寫。通常第二、第三項的順序可以互調。

第四項，如果這個公文有附件要發下去給各級參照，就加第四項說明「檢附附件○○○」。

其實，最難的是「辦法」！並不是每件公文都需要有「辦法」，如果「說明」能解決的就好了。但因為是參加考試，你的「辦法」一定要寫，「辦法」要包含人、事、時、地、物五件事情，其中最重要的是「事」。

「辦法」大概可以有六個思考的方向：

第一項是「人」，你訂一個辦法叫誰來做呢？是否組成一個專案小組來辦理呢？

第二、三、四項通常都寫「事」，因為是辦法，所以「事」佔的比例比較大。你要寫到什麼事情？在考題上提到什麼事情，你把它摘要過來，這是辦法二。

辦法三，你要寫到針對不同的對象（家長、學校、一般大眾）有不同的作法。這些針對對象性的事情可以憑著你的創意、

公文寫作「說明」、「辦法」項目聯想要項

主旨：將題旨精簡，後加「請查照。」

說明：

一、依據某次會議或某長官指示辦理，如：

　　1.依台北市政府101年8月12日第32次行政會議辦理。

　　2.依行政院○年○月○日第○○○次院會院長指示辦理。

二、背景概述（題目內無相關文字，得發揮想像力），約有兩
　　種寫法如：

　　1.鑑於──

　　2.行政院為提升──

三、發文理由（摘錄題目有關理由）：

四、檢附附件，如：

　　1.檢附「教育部辦理十二年國民基本教育說明會時程表」1
　　　份。

　　2.檢附「行政院表揚公務人員要點」及「遴選表」各1份。

辦法：

一、人：如：

　　1.請組成「十二年國教宣導諮詢專案小組」，專責辦理──

　　2.請指派專責人員──／邀集專家學者──

（續下頁）

二、事（一）：題目提及之事項，如：

1. 請配合本部規畫時程，分區辦理說明會，邀請——

2. 選薦過程與作業務求公開、公正、公平——

三、事（二）：計畫或辦法／針對不同的對象（一）／標竿學習，如：

1. 希運用各種大眾傳播工具——

2. 推動「節能減碳從燈做起」運動，倡導民眾——

四、事（三）：運用其他資源或管道／針對不同的對象（二）／督導考核，如：

1. 運用各種管道廣為蒐集各界建言——

2. 舉辦「節能減碳」為主題之作文、演講、書法、海報設計、網頁設計等比賽活動——

五、時與地，如：

1. 報名表件限於本（101）年12月31日前寄達本會（以郵戳為憑），逾期不予受理，視同自願放棄。

2. 要求所屬社工人員加強訪查所轄鄉村地區之老人——

六、物：經費補助，如：

1. 各縣、市政府辦理此項說明會所需經費，由本部全額補助。

2. 各縣（市）辦理本項選薦工作所需經費，本會將核實予以補助，請辦理完竣後檢據備文送本會核撥。

聯想，寫出辦法三；通常也可以運用大眾傳媒工具做宣導；或是你要實行這個辦法需要找某單位做「標竿學習」等，這些可以放在辦法三。

辦法四，可以談到「事」裡的第三項，比方你可以運用相關的資源管道，或是最後做督導考核、獎懲等，可以放在辦法的第四項。

第五項，「時、地」可有可無，有沒有相關的時效性，或是有沒有指定的宣導地區等。

第六項，「物」通常指經費，如果是年度計畫的事情有預算，如果是額外加添的事情，尤其涉及面比較大的辦法，你要給各下級單位經費補助，並要他們何時結報？

所以，「辦法」加起來可以寫到六項之多，其中第二、三、四項通常寫「事」：重要的事情、針對不同的對象、考核、標竿學習等，就要靠你的創意聯想去想一些和這個事情有關的辦法。

公文備考法應試做不同類型的考古題
三題，再參考擬答批改後熟記之。

　　公文的「說明」、「辦法」項目的聯想，要靠一點實力！若能熟記上述第四個策略「公文寫作項目聯想」的參考要項，可以寫得比較周延而有勝算。接下來，你就要找參考書裡面最近三個不同類型的考題，比方關於教育部十二年國教、環保署節能減碳、衛生署食品安全等三題練習一下。

　　在你還沒熟記「公文寫作項目聯想」參考要項之前，你可以看著它寫作，但不宜看著「擬答」寫作，為什麼？因為若不看「擬答」寫作，寫對的話就代表是你的習慣領域裡面的東西，寫錯的話代表離你的習慣領域還很遠。所以，等你寫完之後再參考「擬答」來批改，批改到的是你要記憶的重點要項，因為那一項你常常會寫錯或忘記！

公文寫作除了內容應充實、周延外，其「說明」、「辦法」也有規定的縮格格式要注意，不要讓自己在小細節中被扣分。例如範例4-4的縮格有誤，且標號最好只有第一階（如：一、二、三），即使必須有第二階，也應該是（一）、（二）、（三），而不是1、2、3，應予以改正。

　　範例4-5的格式正確，但主旨應精簡，辦法五有關報名表件部分不宜（各下級單位自行訂定比賽辦法，不應向上級報名）。

　　範例4-6縮格格式明顯有誤，且「說明」與「辦法」項過於簡單，宜參考上項「公文寫作項目聯想」參考要項，酌予充實之。

作答前務請詳閱作答注意事項及試題說明

記分欄	（答案請從本頁第1行開始書寫，並請標明題號，依序作答）　第1頁

主旨：鑑於全球暖化並配合「世界環境日」，推動全民夏月隨手關燈運動以紓照氣候變遷危機。請查照。

說明：

一、依經濟部○年○月○日第○○○以會議辦理。

二、經濟部能源局為提升全民低碳生活意識，節能同心減碳之生活習慣，共同特致力世界環境改善，辦理此活動。

三、鑑於環境永續威脅日益嚴重，夏日用電激增，配合「世界環境日」共變聲低碳生活改善氣候遷問題。

四、檢附「經濟部能源局隨手關燈宣導海報」1份

2. 檢附「隨手關燈檢核表」1份。

（續下頁）

辦法：

一、

1. 請指派專責人員，於校內宣導本活動，專責辦理隨手關燈生活習慣之檢核及獎勵措施。

2. 請組成「全民節能減碳宣導話詞小組」專責辦理本活動推行事項話詞。

二、請配合本局規劃時程，辦理演講及說明會，邀請環保團體或專家學者於校內宣導永續發展觀念。

三、推動「全民節能減碳從燈做起」之相關主題語文、美術、網頁設計等競賽活動。

四、加強機關學校與所在地區之社區服務，連結在地住民，辦理以社區民眾為對象之節能減碳宣導講座。

五、各機關學校辦理本活動經費，由本節全額補助。

作答前務請詳閱作答注意事項及試題說明

記分欄	（答案請從本頁第1行開始書寫，並請標明題號，依序作答） 第1頁

主旨：鑑於全球暖化對環境永續威脅日益嚴重，時配推動「世界環境日」、「全民節能減碳」活動，倡導從燈做起，運動，全民養成隨手關燈生活習慣，朝向低碳經濟與低碳生活，以紓緩全球氣候變遷危機，請查照。

說明：

一、依行政院○○年○○月○○日第○○○○次院會院長指示辦理。

二、由於環境保護議題逐漸受到重視，為維護民眾生存空間，避免環境遭受巨大破壞及污染，並追求永續生存及發展，相關單位應提出具體計畫及宣導方式，令民眾邁向美好的生活。

（續下頁）

三、為執行節能減碳計畫，行政院已申請專款經費，委請相關單位配合並實施各項低碳生活的加強及宣導。

四、檢附「全民節能減碳計畫實施要點」一份。

辦法：

一、請相關單位人員及學者專家組成專案小組，針對相關議題進行討論並擬定施行計畫。

二、請配合本部規劃時程，分別向教職人員及全校師生進行宣導，並召開會議討論具體執行方式。

三、為推動「節能減碳，從燈做起」運動，且針對一般民眾製作宣傳手冊，或於公共場所張貼宣導海報，及運用電子看板播放宣導影片，以向民眾倡導節能

（續下頁）

	減	破	之	觀	念	。				
四、	相	關	單	位	可	舉	辦「	節	能	減、
	破」	之	徵	收	比	賽	、	瘦	清	設
	書	法	、	海	報	設	計	、	網	頁	設
	計	等	比	賽	記	動	。			
五、	報	名	表	件	限	於	本	(103)	年	12	月
	31	日	前	寄	達	本	會	(	以	郵	戳
	為	憑	)	，	逾	期	不	予	受	理	。
六、	各	縣	(	市	)	辦	理	本	項	選	區
	工	作	所	需	經	費	，	本	部	將	核
	實	予	以	補	助	。	請	辦	理	完	竣
	後	檢	據	備	文	送	本	會	核	發	。

作答前務請詳閱作答注意事項及試題說明

| 記分欄 | （答案請從本頁第1行開始書寫，並請標明題號，依序作答） 第1頁 |

二、公文

檔　號：
保存年限：

　　　　行政院衛生署　　函

地　址：000台北市00區00路00號
聯絡方式：

主旨：請加強食品衛生檢驗，以維護全民健康。請查照。

說明：

　一、近來民眾中毒事件頻傳，請各機構加強食品衛生檢驗。
請。

　二、檢附本項工作詳細經費支出表乙份。

辦法：

　一、請組成「食品衛生安全檢驗小組」，專責辦理。

　二、請分區辦理說明會，邀

（續下頁）

請各相關機構、工廠參加。

　三、請運用各種管道與資源，
廣泛宣導，以利民眾建立正確食
品衛生安全觀念。

　四、各機構辦理本項工作所需
經費，本署將核實予以補助，請
辦理竣後檢據備文送本署核撥。

正本：
副本：

署長 ○○○（簽字章）

善用逐次剔除法背單字、記片語、練
文法，是贏得英文六十分以上的最佳
方法。

　　首先，如果英文有考作文，你就更有勝算！一般英文都不考
作文，所以要優先抓生字！找一本五千字單字本，注意一定要
選擇中文、英文分兩邊編排的書。因為，若將中文遮住，一看英
文立刻能正確知道中文的意思者，該生字就可以剔除！如此用逐
次剔除法剔到只剩下最難的字，考前再來「強力死背」！背生字
不是在努力「背不會的」，而是在「剔除會的」，如此不但較輕
鬆、有成就感，而且有效果！

　　如果考古題也有考片語，則也用逐次剔除法背片語。文法需
較多工夫！買一本特別為該類型考試專用的文法書，不管課文也
好，題庫也好，都用逐次剔除法克服！一定可以多得好幾分。

中翻英，翻得越簡單越好！英翻中，
翻得越複雜越好！

　　至於英文翻譯方面，平常有時間要好好買本書勤做翻譯練
習。臨考場時，中翻英的翻譯越簡單越好！比如「士不可不弘
毅，任重而道遠」。如果照著翻，很可能生字和文法都搞錯，很
吃虧！如果我把它簡要成：「讀書人要有人生目標，因為責任
很大。」（A learned person should have life goals because of
responsibility.）生字、文法不要有錯，少說也有幾分，很珍貴！

　　英翻中的翻譯，則越複雜越好！例如「The proposition
which I mean to maintain as the basis of the press......」假如
我不知道proposition這字，我就猜它可能的兩種意涵（建議、
主張），翻譯為「我的建議和主張在維護新聞自由的基礎上
要……」，兩者可能猜中一個！

第 **5** 章

設計最高報酬率
的「備考計畫」
要點

要點 **1**

精算有多少時間可用？

　　備考計畫可說是成敗的關鍵！備考計畫要計算到每一天的三段時間（上午、下午、晚上），每一段時間要做哪個科目的申論題從第幾題到第幾題？測驗題抓題要抓到哪一科的第幾頁到第幾頁？都要清清楚楚！

　　一般考生的備考計畫都做得不好，可以說是在「打爛仗」，不知到底「敵人」在哪裡。很多書一直在看、一直在背，越背越多，好像也記不起來，課本也都看不完，所以失眠、緊張、情緒不穩的狀況越來越嚴重，最主要的原因就是備考計畫沒做好！

　　通常重要考試如高考、普考、特考等，備考時間至少要全時四個月。 四個月大概有十八週，一星期可以念六天，建議考生一星期要留一天休養，或做彈性的時間來趕未完成的進度。一天

正常可以念十個小時，但有人拚到十四個小時，我覺得這太辛苦了。如果有全時工作或兼差的，備考時間就要延長。 假如你第一階段的時間明顯不夠，那就需要考慮：

1. 何時可以停下工作來全時備考？

2. 改變每頁的時間，例如測驗題的抓題從每頁五分鐘變為三分鐘？

3. 改變題數或時間，例如申論題一百題變五十題，或一題一個半小時變一小時？

4. 縮短第二階段時間，例如四分之一變五分之一；但至少三個星期。

　　通常一個人念書一個小時要休息一下，如果資料實在很多，一天念十個小時實在不夠，就要一天念十二個小時，四個月就有一千二百九十六個小時，多了將近兩百個小時。

　　如果你還有四個月全時間準備考試，就很有可能「一次考上」。但你必須留三分之一到四分之一的時間，作為「逐次剔除法」的運用。意思就是，如果你有十八週的完整時間備考，前十二週至十四週內，你必須完成每科的第一階段工作，包括抓出申論題一百大題並做完筆記，同時把測驗題所需準備的課文內容、題庫做完第一遍，並預留四至六週施行第二階段的「逐次剔除」計畫。

你的全程備考時間必須計算到幾小時，以下面範例說明：

◆ 備考時間三月初至六月底，約四個月，十八週。

◆ 預定第一階段十二週，第二階段（逐次剔除法）六週。

◆ 第一階段每天十小時（採早上三小時、下午四小時、晚上三小時制）。

10小時×6天（每週）＝60小時，

扣除每週三、五各三小時家教，剩下五十四小時，

54小時×12週＝648小時。

◆ 第二階段每天十一小時（採早上四小時、下午四小時、晚上三小時制）。

11小時×6天（每週）＝66小時，

66小時×6週＝396小時。

由上述初步計算得知：第一階段（十二週）計有六百四十八小時備考時間；第二階段（六週）計有三百九十六小時；合計有一千零四十四小時。

備考計畫表的正誤示範

如果是全時間準備考試的人，一個星期有六十個小時，十八個星期就有一千零八十個小時。為什麼要算到「小時」這麼細？因為這樣才可以算一個小時有多少進度。

我們先看錯誤的範例5-1，他排星期一到星期六每天上午、下午、晚上的課表，每一時段配一科：上午是行政學，下午是行

範例5-1	備考計畫示例之一
	（錯誤：沒全程時間，不具體、不周詳）

課表式的備考計畫

	08:30～11:30	13:30～17:30	19:00～22:00	備考
（一）	行政法測驗	政治學測驗	法緒測驗	
（二）	行政學測驗	法緒測驗	公管申論	
（三）	政治學測驗	公管測驗	行政法測驗	
（四）	公管申論	法緒測驗	行政學測驗	
（五）	政治學申論	行政法測驗	公管申論	
（六）	公管測驗	行政學測驗	政治學測驗	
（日）				

政法，晚上是法學緒論。但是，要讀行政學的什麼內容？看測驗題的什麼題型？要做申論題的哪些題？都沒有！這些相關資訊也沒有，全程的備考時間只能算是一張課表；備考計畫一定要計算到全部到底有多少可用的時間。

範例5-2雖然沒有用表格，卻是不錯的計畫，當事人不是全職考生，白天要上班，每天可以念的時間只有五個小時；全程十二個星期，因此他用了後面四個星期當第二階段的逐次剔除，第一階段可用八個星期、共三百零四個小時，第二階段可用四週、一百六十四個小時，很清楚！

範例5-3用表格來顯示，這位當事人也不是全職考生，但比較麻煩的是，他星期六不是全時都可備考，有時三個星期要輪一天班，因此精算到全程有六百一十二小時，還沒有分兩階段。

回頭看範例5-2，他詳細的計算所有的考科總共需要三百四十七個小時。這個有問題，因為他第一階段可用的時間只有三百零四個小時，所以不夠！如果不夠，就可把第二階段的一百六十四個小時挪一些過來用，或是調整考科計算的方法。

比方原訂一頁五分鐘或是題目要做幾題，可以酌予減少，調整到符合三百零四小時。

請看範例5-5，這個計畫就清楚、明白！他每天三階段，上午一個小時，下午一個小時（因為他要上班），晚上三個小時。

做申論題的筆記，一個小時做一題，三個小時做三題，清清楚楚；星期六、日時間較多，又可以做其他計畫。

範例5-6是全職的學生，他上午三個小時、下午五個小時、晚上三個小時，時間充裕。所以上午可以做申論題筆記一至三題，隔天早上再做四到六題。測驗題也一樣，每個早上可以做三十題，標示1～30，隔天再做三十題，標示31～60，再隔一天再做三十題，標示61～90，這是正確、具體而清楚的備考計畫！

範例5-2 備考計畫示例之二
（正確：有全程備考時間；錯誤：兩個時間不符合）

「一次考上法」備考計畫

一、全程備考時間（計算到幾小時）：

1. 備考時間四月到六月底，約三個月，12週。
2. 預定第一階段八週、第二階段（剔除法）4週。
3. 第一階段每天8小時（採一一三制），
   5小時×每週5天＋8小時×每週2天＝41小時，
   扣除週五兼課（41–3）剩下38小時，
   38小時×全程8週＝304小時。

（續下頁）

4. 第二階段每天5小時（採一一三制），

　　5小時×每週5天＋8小時×每週2天＋3小時×每週1
　　天＝44小時，

　　扣除週五兼課（44−3）剩下41小時，

　　41小時×全程4週＝164小時。

二、全部備考材料及時間初步配當（以報考高考「工業行政」為例）：

1. 專業科目六科，除了計算機概論併考申論題、測驗題外，每科都做40大題申論題筆記，每一大題配時1小時，故六科合計需240小時。

2. 計算機概論：考申論題、測驗題各半；測驗題備考法再區分：

　　（1）課文「地毯式抓題」，五百頁，每頁三分鐘，需25小時。

　　（2）題庫10回（每回一百題），每回一百分鐘，需17小時。

3. 國文需自己整理作文十五篇，除利用平時零碎時間勾選三百句外，尚需20小時整理及背誦；公文需五小時練習。

4. 憲法測驗題，需20小時；法學緒論測驗題，需20小時。

5. 以上四項，初估合計：347小時。

非全職考生備考計畫表

讀書時間表（4月重新修訂）星期一到星期五要上班，星期六每三個星期要輪一次班。

階段	4/1～4/30（21天）（週一～週五上班日）	5/1～5/31（22天）（週一～週五上班日）	6/1～6/30（20天）（週一～週五上班日）	4/1～5/31（15天）（週六、日、例假）輪班補進度加強	6/1～6/30（9天）（週六、日、例假）	7/1～7/3（請假、休全天）
7點至8點（1H）						
8點至11點（2H）						
11點至12點（1H）	上班	上班	上班			
12點至1點半	上班	上班	上班	用餐、休息	用餐、休息	用餐、休息
1點半至5點（3.5H）	上班	上班	上班			

（續下頁）

階段	4/1～4/30（21天）（週一～週五上班日）	5/1～5/31（22天）（週一～週五上班日）	6/1～6/30（20天）（週一～週五上班日）	4/1～5/31（15天）（週六、日、例假）輪班補進度加強	6/1～6/30（9天）（週六、日、例假）	7/1～7/3（請假、休全天）
5點至8點（3H）	上班	上班	上班			
8點至9點半（1.5H）	下班、休息用餐	下班、休息用餐	下班、休息用餐			
9點半至10點半（1H）						
10點半至11點半（1H）						
合計念書時間共計612H	每天5H×21天＝105H	每天5H×22天＝110H	每天5H×20天＝100H	全天休15天×11H＝165H	全天休9天×11H＝99H	3天×11H＝33H
附註（輪班時間不算）				4/12、4/19、5/3輪班（8點～5點）	6/7輪班	

範例5-4　備考計畫示例之四
（錯誤：計算根據不清楚，上下兩段沒結合）

備考計畫表

	頁數	天數	題型	
行政法	759	約21天 36頁 每頁約3～5分鐘	申＋選	4/1～5/31 59天 472小時 （記時每天8小時）
行政學	824	約21天 39頁 每頁約3～5分鐘	申＋選	
考銓	864	約300小題考古題 （97～102年）尚未剔除重複	申	6/1～6/30 （剔除法） 30天 （記時每天10小時）
心理學	388	約18天	申	
各國	438	約20天	申	
刑總		看DVD		
民總	326		申	

日期 （星期）	上午 9:30～12:30	下午 14:30～18:30	晚上 19:30～22:30	備註
4/1（二）	行政法	心理學	各國	
4/2（三）	行政學	考銓	刑總	
4/3（四）	行政法	心理學	民總	
4/4（五）	行政學	考銓	各國	
4/5（六）			刑總	
4/6（日）	行政法	心理學	民總	

範例5-5　備考計畫示例之五（正確：具體、清楚）

「一次考上法」備考計畫範例

表 一：備考計畫範例（第一階段，前八週）

日期（星期）	上午（1小時）06：00～07：00	下午（1小時）16：30～17：30	晚上（3小時）19：00～22：00	備考
4/14（一）	管理學申論題筆記做1題（1）	管理學申論題筆記做1題（2）	管理學申論題筆記做3題（3～5）	註記進度落後者
4/15（二）	管理學申論題筆記做1題（6）	管理學申論題筆記做1題（7	管理學申論題筆記做3題（8～10）	
4/16（三）	管理學申論題筆記做1題（11）	管理學申論題筆記做1題（12）	管理學申論題筆記做3題（13～15）	
4/17（四）	管理學申論題筆記做1題（16）	管理學申論題筆記做1題（17）	管理學申論題筆記做3題（18～20）	
4/18（五）	管理學申論題筆記做1題（21）	管理學申論題筆記做1題（22）	（兼課）	
日期（星期）	上午（4小時）08：00～12：00	下午（4小時）13：30～17：30	晚上（3小時）19：00～22：00	備考
4/19（六）	管理學申論題筆記做4題（23～26）	管理學申論題筆記做4題（27～30）	（補本週進度）	註記進度落後者
4/20（日）	管理學申論題筆記做4題（31～34）	管理學申論題筆記做4題（35～38）	（補本週進度）	1.補進度2.給獎勵

（續下頁）

表二：備考計畫範例（第二階段，後四週）

日期 （星期）	上午（1小時） 06：00～07：00	下午（1小時） 16：30～17：30	晚上（3小時） 19：00～22：00	備考
6/02 （一）	工業管理測驗題 題庫剔除（一） 1～500題 （每回1小時）	計算機概論測驗題 題庫剔除（一） 1～500題 （每回1小時）	管理學 申論題筆記 剔除（一） 1～20題	
6/03 （二）	工業管理測驗題 題庫剔除（二） 501～1000題 （每回1小時）	計算機概論測驗題 題庫剔除（二） 501～1000題 （每回1小時）	管理學 申論題筆記 剔除（二） 21～38題	
6/04 （三）	工程經濟測驗題 題庫剔除（一） 1～500題 （每回1小時）	統計學測驗題 題庫剔除（一） 1～500題 （每回1小時）	工業管理學 申論題筆記 剔除（一） 1～20題	
6/05 （四）	工程經濟測驗題 題庫剔除（二） 501～1000題 （每回1小時）	統計學測驗題 題庫剔除（二） 501～1000題 （每回1小時）	工業管理學 申論題筆記 剔除（二） 21～38題	
6/06 （五）	人資管理學 申論題筆記 剔除（一） 1～15題	人資管理學 申論題筆記 剔除（二） 16～30題	兼課	
日期 （星期）	上午（4小時） 08：00～12：00	下午（4小時） 13：30～17：30	晚上（3小時） 19：00～22：00	備考
6/07 （六）	計算機概論 申論題筆記 剔除（一） 1～20題	統計學 申論題筆記 剔除（一） 1～20題	產業經濟學 申論題筆記 剔除（一） 1～30題	
6/08 （日）	計算機概論 申論題筆記 剔除（二） 21～38題	統計學 申論題筆記 剔除（二） 21～38題	（補本週進度）	1.補進度 2.給獎勵

日期	上午（3小時）09：00～12：00	下午（5小時）14：00～19：00	晚上（3小時）20：00～23：00	備考
（一）	刑事訴訟法 3題（1～3）	刑法 5題（1～5）	民事訴訟法 3題（1～3）	註記進度落後者
（二）	刑事訴訟法 3題（4～6）	刑法 5題（6～10）	民事訴訟法 3題（4～6）	註記進度落後者
（三）	刑事訴訟法 3題（7～9）	刑法 5題（11～15）	民事訴訟法 3題（7～9）	註記進度落後者
（四）	法緒、憲法、英文、國文測驗題 總共30題 （1～30）	民法 5題（1～5）	法院組織法 3題（1～3）	註記進度落後者
（五）	法緒、憲法、英文、國文測驗題 總共30題 （31～60）	民法 5題（6～10）	法院組織法 3題（4～6）	註記進度落後者
（六）	法緒、憲法、英文、國文測驗題 總共30題 （61～90）	民法 5題（11～15）	法院組織法 3題（7～9）	註記進度落後者
（日）	（補本週落後進度）			1. 補進度 2. 給獎勵

範例5-6　備考計畫示例之六（正確：具體、清楚而可行）

精算有多少資料要念？

　　到底有多少資料要念（包含課文頁數和題庫回數）？念的步驟和方式又是哪些？這些都要計算出來。

　　比如高考有八科，扣掉共同科目兩科，剩六科。先不管共同科目，以專業科目六科來看，申論題每一科做一百題，一天做十題（等於一小時一題），六百題就要六百個小時，需要花十個星期的時間，這只是第一階段做申論題筆記。

　　然後，要用平常零碎的時間來默想、背誦，等到考前幾個月還要進行第二階段的逐次剔除：比如一科有一百題的題目，把一百題的題目做第一次剔除要多少時間？一題十分鐘，一百題就要一千分鐘，將近需花費十八個小時，約兩天。此為第二階段的第一次剔除，六科則約需兩個星期。

第二次剔除時，題目的數量及時間都大幅遞減。所以備考資料中若有申論題，申論題的第一階段先做筆記，第二階段再逐次剔除，這些都要花時間，記得要安排到備考計畫中。

　　準備測驗題時，從課文中找題目要花時間，做題庫也要花時間。看課文一頁要兩分鐘至五分鐘，這本書有五百多頁，以一頁三分鐘來說，就要一千五百多分鐘，約二十五個小時，要兩天半才能把一科課文中的題目完全抓出來。

　　第二階段開始第一次剔除，可能只要三分之一的時間；第二次可能只要六分之一的時間。另外，測驗題題庫假定有十回、一千題，第一次剔除要花多少時間？第二次剔除又要花多少時間？一步一步都要算出來。

　　如果報考高等考試，必須準備專業科目六科還有共同科目兩科，合計八科。專業科目大都考申論題，少數科目併考測驗題（各佔分一半）；共同科目兩科都沒有申論題，但還包含小科目如下：

● 國文：包含作文題百分之六十、公文題百分之二十、測驗題百分之二十。

● 法學知識與英文：包含中華民國憲法題百分之三十、法學緒論題百分之三十、英文題百分之四十。

以報考高考「教育行政」為例，全部的備考資料及時間初步配當，有幾個要點以及實際計算如以下範例：

◆ 專業科目六科，除了行政法併考申論題、測驗題外，每科都做一百大題申論題筆記（行政法做五十題即可），每一大題分配一個小時，故六科合計需五百五十個小時。

◆ 行政法：考申論題、測驗題各半；測驗題備考法再區分：

1. 課文「地毯式抓題」，五百頁，每頁三分鐘，需二十五個小時。

2. 題庫十回（每回一百題），每回一百分鐘，需十七個小時。

3. 國文需自己整理作文十五篇，除利用平時零碎時間勾選三百句外，尚需二十個小時的整理及背誦；公文需五個小時練習。

4. 憲法測驗題，需二十個小時；法學緒論測驗題，需二十個小時。

以上四項，合計需六百五十七個小時，已超過備考第一階段可用時間（六百四十八個小時）九個小時。

故再調整為：作文減五個小時，憲法減四個小時，合計六百四十八個小時（詳細計算如表一）。

科目	申論題與時數	測驗題與時數	初計	實計	備考
1.行政法	做申論題筆記50題，合計50小時。	課文500頁，每頁3分鐘，計25小時；題庫1000題，計17小時。	92小時	92小時	
2.教育行政學	做申論題筆記100題，合計100小時。		100小時	100小時	
3.教育心理學	做申論題筆記100題，合計100小時。		100小時	100小時	
4.教育哲學	做申論題筆記100題，合計100小時。		100小時	100小時	
5.比較教育	做申論題筆記100題，合計100小時。		100小時	100小時	
6.教育測驗與統計	做申論題筆記100題，合計100小時。		100小時	100小時	
7.國文（作文、公文、測驗）	作文：20小時 公文：5小時		25小時	20小時	作文改為15小時
8.法學知識與英文		法學緒論：20小時 憲法：20小時	40小時	36小時	憲法改為16小時
合計			657小時	648小時	

要點

3

分兩階段具體並詳細地分配各科時間。

備考計畫可區分為兩大階段,分別說明如下:

備考計畫第一階段(前十二週)

若以報考高考教育行政為例,從前項要點的討論中可知,第一階段可用時間為六百四十八個小時,經調整後,必讀資料及初步時間分配也是六百四十八個小時。接下來,訂定備考計畫的原則如下:

1. 每天以三階段,且分別念不同科目為原則。施行「三四三制」(早上三個小時、下午四個小時、晚上三個小時),各分配一個科目,例如:

（1）行政法測驗題的課文，每天上午可抓題六十頁，五百頁則需八・四天（上午），故安排在第一週的週一至週六上午，及第二週的週一至週三上午。

（2）教育行政學申論題筆記，每天下午可做四題，一百題需二十五天（下午），安排在第一週的週一至週六的下午及第二至四週的下午。

（3）教育心理學申論題筆記，每天晚上可做三題，一百題需三十三天（晚上），安排在第一週的週一至週六晚上及第二至八週的晚上。

2. 假如週三、五晚上需兼家教，時間則需扣除。原則上週日不排進度，可用來做休閒、獎勵時間，或趕上預定進度時間（詳細計算如表二）。

備考計畫第二階段（後六週）

第二階段進入「攻擊發起期」，主要為「逐次剔除法」之運用，原則如下：

1. 每天仍分三階段分別剔除三個科目。此時需全神貫注，盡可能不要有兼差或雜事，每天讀書十一個小時以上，施行「四四三制」（早上四個小時、下午四個小時、晚上三個小時）。

表二	備考計畫範例（第一階段，前十二週）			

日期 （週）	上午（3小時） 08：30〜11：30	下午（4小時） 13：30〜17：30	晚上（3小時） 19：00〜22：00	備考
0301 （一）	行政法測驗題 課文1〜60頁 （每頁3分鐘）	教育行政學 申論題筆記 做4題（1〜4）	教育心理學 申論題筆記 做3題（1〜3）	註記 進度 落後者
0302 （二）	行政法測驗題 課文61〜120頁 （每頁3分鐘）	教育行政學 申論題筆記 做4題（5〜8）	教育心理學 申論題筆記 做3題（4〜6）	註記 進度 落後者
0303 （三）	行政法測驗題 課文121〜180頁 （每頁3分鐘）	教育行政學 申論題筆記 做4題（9〜12）	（家教）	註記 進度 落後者
0304 （四）	行政法測驗題 課文181〜240頁 （每頁3分鐘）	教育行政學 申論題筆記 做4題（13〜16）	教育心理學 申論題筆記 做3題（7〜9）	註記 進度 落後者
0305 （五）	行政法測驗題 課文241〜300頁 （每頁3分鐘）	教育行政學 申論題筆記 做4題（17〜20）	（家教）	註記 進度 落後者
0306 （六）	行政法測驗題 課文301〜360頁 （每頁3分鐘）	教育行政學 申論題筆記 做4題（21〜24）	教育心理學 申論題筆記 做3題（10〜12）	註記 進度 落後者
0307 （日）	（補本週落後進度）			1.補進度 2.給獎勵

2. 針對每科申論題筆記施行剔除法，第一次剔除到第二次剔除，應間隔兩天以上。例如：教育行政申論題的第一次剔除是週一至週二，第二次剔除則從週四才開始，避免第二次遇到「全會的」題目時，不能斷然「剔除」，因為可能是前一天的「暫存記憶」，而不是「真正會的」的筆記內容。

3. 從「課文」中第一次抓出的題庫，最好隔兩天才能做「題庫」的第一次剔除──避免「做對的」題目是看課文之後的「暫存記憶」，而不是自己習慣領域中已經「真正會的」題目。（詳細計算範例如表三）

4. 至於每天分上午、下午、晚上三個階段，到底要安排什麼科目呢？其實都可以！但是有專家建議，以真正考試早上考什麼，在衝鋒階段那一週的上午就複習那一科目；下午考試的那一科，你就擺在下午來「剔除」，因為如果實際考試的時間和情境能配合，比較能夠適應並提高考試成績，這可以當作參考。

　　讀書計畫一天分三階段、念三科，或是一天念一科，都可以！看自己的習慣和效果。也許可以先實行一週，效果不好再調整，如果分三階段不好、沒辦法連貫，就在第二週開始調整成一天一科也可以。

　　若依這樣的進度，每科可以「剔除」五次之多，而你還可分出時間來做每科的「考前猜題」（含時事議題及專業期刊題），

日期（週）	上午（4小時）08：00～12：00	下午（4小時）13：30～17：30	晚上（3小時）19：00～22：00	備考
0520（一）	行政法測驗題課文剔除（一）1～250頁（每頁1分鐘）	教育行政學申論題筆記剔除（一）1～50題	教育哲學申論題筆記剔除（一）1～35題	註記進度落後者
0521（二）	行政法測驗題課文剔除（一）251～500頁（每頁1分鐘）	教育行政學申論題筆記剔除（一）51～100題	教育哲學申論題筆記剔除（一）36～70題	註記進度落後者
0522（三）	行政法測驗題題庫剔除（一）1～500題（每回1小時）	教育心理學申論題筆記剔除（一）1～50題	教育哲學申論題筆記剔除（一）71～100題	註記進度落後者
0523（四）	行政法測驗題題庫剔除（一）501～1000題（每回1小時）	教育心理學申論題筆記剔除（一）51～100題	比較教育申論題筆記剔除（一）1～35題	註記進度落後者
0524（五）	行政法測驗題（補進度）	教育行政學申論題筆記剔除（二）約70題	比較教育申論題筆記剔除（一）36～70題	註記進度落後者
0525（六）	行政法測驗題課文剔除（二）1～500頁（每2頁1分鐘）	教育心理學申論題筆記剔除（二）約70題	比較教育申論題筆記剔除（一）71～100題	註記進度落後者
0526（日）	（補本週落後進度）			1.補進度 2.給獎勵

表三 備考計畫範例（第二階段，後六週）

以及公文、作文的準備等。

此外，各科之「重要度」有別，可加權計算。但「重要度」是以在同樣的備考時間中，能獲得較高的分數為基準，而不是你個人對這科的「難易度」、「熟悉度」為基準。

比如我在八天內準備國防行政特考八科為例，在經濟學這科上，我完全不念，因為我知道即使念了一整天，也不見得會加幾分。反之，我若多用這一整天來念行政法，很可能會增加好幾分！備考的過程就是這麼「勢利眼」！

備考計畫想得再完善，真正執行起來可能又不一樣。所以，最好把第一週當作調整期，讀書計畫做好後，先試一週看看進度是否趕得上，如果時間都用上了，可是進度跟不上，就必須做調整。

不過這個調整不宜太大，並且只有前一週可做調整，之後就不要再調整了，因為備考計畫就是要堅持到底才有效果。

要點 4

時間充裕者，就要靠具體、可行的「正規備考計畫」，以維持持久的動力。

我嘗試著擬出備考時間的「最低標準」：

普考兩階段合計四百八十五個小時；高考兩階段合計一千一百五十（或最少七百）個小時。如果你可用來備考的時間超過上述時間，就算是有充裕的時間，可以採用「正規備考計畫」。

以下是我的計算方式：

◆ 普考最低所需備考時數：

1. 測驗題課文抓題，每頁五分鐘；每科五百頁，專業四科合計一萬分鐘（一百七十個小時）。

2. 測驗題題庫練習加上分析，每題一分鐘；每科一千題，四科合計四千分鐘（七十個小時）。

3. 專業科目有一科有申論題，做完美筆記五十題，每題一小時半，計七十五個小時。

4. 共同科目約需五十個小時，中文作文二十個小時。

5. 第二階段逐次剔除法，每科約需二十個小時；五科（含共同科目）計需一百個小時。

6. 兩階段合計四百八十五個小時。

　　◆ 高考最少所需時數：

1. 專業科目有六科申論題，各做完美筆記一百題，每題一小時半，計九百個小時。

2. 共同科目約需五十個小時，中文作文二十個小時。

3. 第二階段逐次剔除法每科約需三十個小時，六科計需一百八十個小時。

4. 兩階段合計一千一百五十個小時；若申論題減半（每科五十題各七十五個小時，六科計四百五十個小時），最起碼也需要七百個小時。

　　至於因備考很長（如一年以上），沒念書動力該怎麼辦？我的建議是：

1. 每天給自己較寬裕但具體的目標，例如課文每頁六分鐘，今天

有三個小時，可看完三十頁；或可做完申論題兩題。並買個計時器按進度達成，最好能再找個夥伴監督自己。

2. 每週達成目標時，獎勵自己一下！

3. 規畫什麼時間前，例如：明年三月，一定要先完成第一階段！

總之，規畫要清楚且具體，成果要馬上看得出來（例如寫了多少題筆記？很具體而清楚）；每天能達成目標就代表你一定考得上，不會鬆散也不必慌張。

要點 5

時間不充裕者，就要靠有彈性又有效的「非正規備考計畫」，以引燃爆發力。

　　如果時間很有限，應如何設計備考計畫？底下介紹「非正規備考計畫」：

　　◆ 測驗題：

1. 課文抓題減為每頁二或三分鐘，只在時間內抓重點題目兩、三題，不能做地毯式抓題！

2. 第二段逐次剔除法減為每科十個小時，應該只能剔除兩次；考前晚上及考前一個小時再做第三、四次剔除！

　　◆ 申論題：

1. 改做卡片筆記法一百題或五十題，每題三十分鐘以內。

2. 跟同學合作執行考前猜題，從時事議題和專業期刊題目中猜

題。

3. 第二段逐次剔除法減為每科十五個小時。

其實，我不太贊成用卡片筆記法，比較沒辦法增強我們所欠缺的論述能力，也較不能提供有用的材料充實其他申論題的答案。因此，我再推介另一個方法，完美筆記法與卡片筆記法併用法：

1. 仍用A3國考格式紙，兩面、四頁印。

2. 前面兩頁依完美筆記法寫考古題或較重要的題目五十題。

3. 後面兩頁依卡片筆記法，寫出前面的題目之其他相關子題；但只記大標、小標及小標內的幾個關鍵字。

其實，事在人為！人在急迫的時間壓力下，常常更能發揮最大的爆發力！我考取政大東亞所就是個例子：那時還當連長的我，軍校畢業已六年，該忘的都忘光了！我用一週打聽消息，七週準備五科專業、兩科共同科目，平均每週要做完一百題申論題筆記，最後一週每天要剔除一科一百題申論題；第一天考完都不敢回家，躲在木柵小旅館「猛剔」，結果以第二名高中！人的潛力真的是無可限量！

要點
6

不要放棄國文與英文的測驗題。

英文、國文是共同科，配分也許沒有像專業科目的佔分比例高。但是像國家考試（高考）的競爭這麼激烈，每科都要重視。尤其英文、國文也滿好拿分數的，特別是作文，一定要好好準備，可以多個五分、十分也很划算，不要因為是共同科目就輕忽了！

然而中英文測驗題怎麼準備？以國文科來說，很難，因為範圍太廣，如果真有時間準備，就多準備作文、公文；至於測驗題就買一本近一千題的題庫，用剔除法來逐次剔除。

切記先不要看答案，真正會的就剔除；答案不要寫在隨便就看得到的地方，最好寫在另張紙上，下次再複習時，答對的就代表「真正會的」，就可以剔除了！

英文科有些是考生字、片語或是文法，如果有時間，可以買本片語或是文法的題庫書，接著再用剔除法，把真正會的題目逐次剔除，應該可以多個五到十分以上。

還可以買一本三千個或五千個單字的書，書本裡要中文、英文分開編排，不要夾雜在一起，也就是把右邊中文的解釋蓋起來，看你認得哪些英文字，認得了就剔除。

運用零碎的時間，把生字本放在身邊，有空就看一頁，三、五分鐘把會的生字剔除掉；一頁十五個生字，如果可以剔掉三個、五個字也值得。

所以，國文、英文測驗題的重點，就是用零碎的時間做逐次剔除法，把已經會的題庫、英文生字逐步剔除，剩下不會的再趕緊背熟，這樣子一定會有幫助！

要點
7

從改變環境來改善念書效率。

習慣領域學說有一個「改變環境」的策略，環境改變以後，新的訊息與想法就會進來了！

以準備考試來說，改變環境就能改變讀書的效率。一般人喜歡躲在自己的房間裡念書，其實不一定正確，大部分都是錯誤的，因為效果不好。

一個人在太熟悉的環境裡很容易偷懶，很容易打馬虎眼，很容易累了就休息，沒有念書的氣氛；再接個電話、吃個東西、看個影片、東摸西摸，時間就過去了！所以，奉勸有心備考的考生要改變環境，到圖書館去！因為圖書館裡大家都在念書，有一股氣氛會督促我們很有效率地把書念好。所以寧可在圖書館只花八個小時，再利用晚上放鬆、休閒一下。

否則，在家裡看起來念了十二個小時，事實上一半效果都不到！為什麼考期將至，圖書館會大排長龍，就是因為去圖書館比較有念書的氣氛。最好能約幾位同學一起去圖書館念書，養成這個氣氛。

　　或者去學校的研究室小房間念書，不要都待在家裡，家裡是念書最差的環境。甚至有人花錢去咖啡廳，或是到適合念書的地方去。總而言之，要評估自己現在念書的效果好不好，如果不好，就要盡快改變念書的環境。

　　如果你一定要在家裡，就請一定要關掉電視電源、切掉網路線、關掉手機，把所有的干擾降到最低點！

　　我不贊成有人說：「我考考看，考得上很好，考不上也沒關係。」這樣的心態會讓你連考三年都考不上！專心、用對方法，就能一次考上。不要隨意考一考，資料準備不齊全，時間沒掌握住，效率也沒提高，一年復一年，純粹是折損自己、浪費生命！

要點
8

在讀書進度外，也要安排適度的運動時間。

　　身心的調適很難也最重要！一般來說，考期越近，發現書都沒念完，或是念完了都記不起來，情緒就會緊張、心慌意亂！如果不是天性比較樂觀，遇到越來越緊張的情況，很多人甚至會有很嚴重的身心疾病。

　　習慣領域有三種可以解壓的簡單方法：第一個是「笑」，每次哈哈笑笑個十秒鐘（五下），一天「自覺地」笑個六十次，加起來十分鐘，對身心的紓壓、心情的愉悅、讀書的效果，一定有大幫助！

　　問題是：你不太有機會發聲笑出來！那你就自覺地嘴角上揚，然後露出牙齒無聲地笑一笑，讓臉部放鬆一下，讓心情有個轉換的空間。

特別是早上起來面對鏡子，在不影響家人的情況下笑一笑，或要出門前提醒自己要笑一笑。給自己每天六十次的機會（上午、下午、晚上各二十次）自覺性的笑，對心理的解壓絕對有幫助！

習慣領域的第二種解壓方法是深呼吸，當你覺得緊張得喘不過氣或是很憂悶時，到戶外或是在室內做個深呼吸，原則是「二、四、四」，吸氣兩秒鐘，憋氣四秒鐘，再慢慢吐氣四秒鐘，這是很好的方法。只要感到有壓力就深呼吸十次，馬上就見效。

還有，不只是宗教信仰的問題，我覺得禱告也很有用！每天花一點時間向神虔誠禱告，祈求祂賜給你一整天平靜安穩的情緒，讓你念書備考有效果。就像《牧羊少年奇幻之旅》書上說的：「當你內心真正渴望一件事，全宇宙都會聯合起來幫助你！」特別是每天早上，你誠心祈禱今天會遇到好人、發生好事，有好的情緒、好的環境、好的讀書效果，一定會有幫助，因為宇宙冥冥之中幫助你的力量就會「集氣」而來！

我強烈的建議讀者，即使平常沒有運動的習慣，為了備考，一定要至少養成一種運動習慣；每天運動最好，如果不行，一個星期至少有二至三次的運動時間。這個非常重要！因為運動可以保持身體健康，身體健康頭腦就清楚，精神就良好，念書就有效

果。如果感冒，你可能好幾個星期沒有辦法念書！與其花費時間調養，不如每天花費半小時、一小時運動，相當值得！

當我準備考政大東亞研究所的時候，幾乎每天早上都跑步，哪怕平常不運動，越是備考期間越要運動。因為一個健康的身心靈可以讓備考有效率，可以記得清楚、記得牢。不要怕運動浪費時間，你可以運用慢跑的時候默想筆記，也可以戴耳機聽自己錄音的重點。

此外每天用計畫達成自己近程的目標後，要獎勵自己、放鬆一下，去看場電影、運動、買喜歡吃的東西，這是應該的。其實，每天能夠達成規定的進度時，那種成就感與自信感就是對自己最大的鼓勵了！

在讀書的環境中，也要給自己「精神喊話」一下，比方說：「七月七號看我的！」「吃得苦中苦，方為人上人！」把一些標語貼在書房牆上，或打在電腦上都可以，不拘形式。

你也可以每天做小日記給自己打氣，並且評估今天的進度如何。有人更假定自己已經考上高考，自己做了一張高考證書打上自己的名字：「○○○在民國一百零三年高等考試人事行政類合格」，用這張證書提醒自己再幾個月就可以拿到正版的證書！

要點
9

一個月前「考前猜題」和準備公文、
作文。

　　考前一個月，在心理及行動方面的態勢要做「攻擊發起」！
什麼意思呢？也就是要全神貫注，全時運用所有時間，整個規劃
要集中全力。

　　考前一個月要做「考前猜題」，和一些同好討論，或是請教
熟悉考情的老師做考前猜題。然後，要猜各科可能的出題老師是
誰，並找出這些老師的期刊論文、研究報告等。

　　還有，要蒐集這個類別相關的專業期刊，並針對這一年來的
時事議題抓題。考前猜題如果猜個五題左右，搞不好會猜中一
題，成本效益非常高！

　　考前一個月，公文和作文的準備不能放棄，因為它需要的時
間很少，但是提高的分數卻至少有五分、十分以上，不能因為它

不是專業科目就忽略。

比方公文，如果把以前的考古題拿出有答案的三份來練習，第一步不看答案，憑自己的習慣領域所會的先寫一遍，然後再對解答，看自己漏掉了什麼？不管是格式，還有主旨、說明、辦法，看看有什麼項目漏掉？

尤其「經費」項目很容易遺漏。所以，自己要先寫一遍，漏掉的部分用紅筆寫在空白處，這樣就很容易記憶。如果先看解答後去練習，不容易記起來！

要注意的是，一般公文考試只考「函」，區分為：「上行函」、「平行函」、「下行函」三種。

其中，「主旨」最後的「期望語」：「上行函」用「請鑒核」；「平行函」用「請查照」；「下行函」可用「請（希）查照」或「請（希）照辦」，依公文性質採用。

文末首長的職銜，「上行函」需「蓋首長職章」；「平行函」及「下行函」皆「蓋首長簽名章」。

特別說明的是：非直屬的下級單位，不能當作「下行函」發文。例如教育部（非行政院）對各縣市政府，是屬於「平行函」而非「下行函」；教育部對各縣市政府教育局，才是「下行函」。

作文如果還沒準備好，建議要先找兩天依照前章提到的方法

做個十五題，這是必要的，然後猛背、狂背，對自己的中、英文作文有很大的幫助，可以提高原來能力至少五至十分以上，千萬不要放棄！

　　然後，在時間配當上也要持續運動，每天吃一顆綜合維他命，以維持良好的體力和精力。

要點
10

一、兩週前施行「終極剔除」和整理
「A3大補帖」。

　　有一個軍事用語叫「衝鋒前進」，就是考前的一、兩週，整個身體的細胞都要緊繃起來。你所準備的材料（包括申論題、測驗題、作文題等筆記）要開始「終極剔除」，只要準備的材料都很熟悉，都可「剔除」掉。

　　這個「衝鋒前進」期非常重要，也是投資報酬率最高的一段時間，因為這段時間準備的內容不容易忘掉，時間很緊迫，效果很強大，所以要好好設計。強烈建議有上班的人要請假，以便全時全力衝刺。

　　比方，我建議最後一、兩週時間，每一科要再做逐步剔除，一天剔除一科，精算到前一天晚上再做最後剔除，甚至到了當天早上考前半個小時到一個小時還要做「終結剔除」。

所以，那半個小時、一個小時，也許是在早上、下午、課間，對你來說是最關鍵的時刻——你手上抓的是對你而言，最複雜、最困難、最不容易記憶、最容易搞混的一些材料，而且已經集中在一張「A3大補帖」上，不管死背、活背，都要把它們全部背起來！

　　什麼是「A3大補帖」？到考前兩、三天，運用「逐次剔除法」剔除到剩下最難克服的測驗題課文和題庫，以及申論題內容，你可以用A3的紙寫成一張大筆記，把每科上百題還背不起來的要點，包含諧音口訣術容易背錯的材料，全部寫在A3的紙上；每科需要花兩個小時寫，但這一定值得！

要點
11

最後兩天的萬全準備與「衝鋒達陣」。

　　考前就要準備好筆，據專家說要黑色〇‧七以上的筆，太細的筆顯得沒有力，藍色的筆也顯得有氣無力、不討好。這黑色〇‧七以上的筆要用好一點、不會漏水的筆，否則寫出來會不好看。

　　墊板規定要用透明的，桌子太硬沒有墊板的話不好寫，太軟又會寫不動，所以平常一定要試試墊板。另外，如果要寫得很完整、很整齊，請帶尺、鉛筆、立可白，平常慣用的立可白都要先準備好。

　　還有，規定鉛筆盒要帶透明的，也不要違規。當天考試時，特別重要的是，考前、考後都不要和別人討論考情，因為這「關鍵時刻」就是要把你手上的十到二十題很重要、很難克服的申論

題筆記，或是一張「A3大補帖」，完全克服！

很神奇，這最後的半個小時、一個小時克服了這十到二十題，可能就會出一題！所以，千萬要躲起來，把「大補帖」中不會的題目背起來。進入試場，聽監考老師命令翻開題目後，如果是剛背的那幾題，馬上就把題綱寫在題目紙空白的地方，避免忘記！並且當作第一優先完成。

奉勸大家在試紙上的申論題順序要按照一、二、三、四排好。現在高考已經有八頁試卷紙，每一題可以有兩頁：第一、二頁是第一題，第三、四頁是第二題，第五、六頁是第三題，第七、八頁是第四題，要把題號標好，不要調動順序、位置。

假如第二題是剛背的，馬上先寫第三頁的第二題，切記「會寫的」題目不要寫超過二十分鐘，兩題「會寫的」花四十分鐘寫完，留八十分鐘來寫剩下的兩題，這是「最高機密」！

不要把「會寫的」題目花很長的時間寫，「不會寫的」題目反而花很少的時間；花的時間少，成績當然就不高了。記得，爭取高分的關鍵在「不會寫的」題目，而不是在「會寫的」題目！

如果前一天可以看考場，一定要去看考場。那時，把所有的文具都帶去，必要的時候，實際坐在考場自己的座位上練習寫個兩題申論題（約一個小時），試試看時間夠不夠？

其實，就坐在你的位置上熟悉整個考場氣氛，先模擬第二天

應考的情形，屆時就不會慌張，就可以膽大心細、克服考場的壓力，而能夠更得心應手。

準備考試的過程的確相當特別：你可能得「廢寢忘食」，念茲在茲的只有「考試」，這是相當大的挑戰！

但如果你面對一項饒有意義而明確的目標，計畫清楚、具體而周延，且經過有效的設計，也確信每天如此去做必能達成目標（金榜題名），便會信心滿滿、精神亢奮，內心必能產生心理學家所謂的「心流」（flow），你就會因此「樂此不疲」、「迷而忘返」了！能夠達到這等地步，自然「手到擒來」、「水到渠成」！

全職工作者上榜的祕訣在於「善用零碎時間」，這點也是金榜題名的最大利基。

　　有人因家庭與工作等因素可以專心念書的時間不多，因此在各考科的準備方式上，僅能盡量熟悉各理論與課文內容，也沒有時間做考題。在這樣的情況下，考試時便容易因對考題不夠熟悉及時間掌握不夠確實等情況，而造成答題架構不完整。

　　基本上，即使備考時間不夠充足，我建議還是要做申論題的完美筆記。做完美筆記有百利卻只有一害——花時間！但是，每科做完一百大題完美筆記時，已經完成百分之八、九十了！

　　想想看，你覺得花四個星期把課文看過三次，比較可得高分？還是做一百大題申論題的完美筆記再設法背熟，比較可得高分？當然是後者！即使有工作在身，可利用公餘每天寫兩、三題申論題筆記。

大家的時間都是一天二十四個小時，你因為有全職的工作佔了很多時間。但零碎的時間加起來，可能比正規的時間還多！所以懂得充分利用零碎時間才是最大的優勢。

　　法學的法條很難背，像《民法》共有一千二百二十五條，少說要背個三十條，怎麼背？自己錄音比較親切，重點可以強調幾次。先把條號念出來，然後錄音的時候特別停留幾秒鐘，讓自己有時間先把要旨講出來，講不出來就跟著錄音再念一遍。做家事的時候、散步的時候、上下班的交通時間等就聽錄音，一天可以背好幾遍，很有效！

　　另外，有人發明一種「浴室澎澎背誦法」，專門在洗澡的時候背誦自己做的筆記，他把筆記裝在 A4 的透明夾內，貼在浴室的牆壁上；每次進浴室或是洗澡時就背誦，背起來很有效率。

　　零碎時間的利用很重要，如果不習慣使用零碎時間，最起碼要養成習慣每天用三個時段默想：第一個時段是上學、上班途中，第二個時段是放學或下班的時候，第三個時段是睡前十分鐘，所以一天起碼可以默想你做過的筆記三次以上！

　　每次約十到三十分鐘，默想（背誦）申論題十題左右，每題約一到三分鐘；若背誦一題超過五分鐘就太久了！請記住：「次數」比「強度」更有效──隔個時間重複背誦幾次就背起來了，不要想花長時間「一次」就背起來！

零碎的時間乍看之下似乎毫不起眼，但是想想那些滴水穿石、聚沙成塔的典故，就會了解零碎時間的寶貴。

圖三 最高報酬率讀書計畫

新好策略		一般方法

精確	1 精算有多少小時可備考	計算有多少天可念書	不精確
精確	2 精算多少頁課文、多少回題庫	計算有多少本書需念	不精確
具體而清楚	3 具體而詳細分配時間	粗略分配時間	不具體
提升效率	4 規劃每天三段進度	規劃每週（月）進度	效率不高
有成就感、有信心	5 選擇環境、正常作息，每天依進度達成	每週依進度達成	較少有成就感與信心
有效加分	6 （考前一個月）考前猜題，準備作文、公文	（考前一個月）正常複習	對加分效果有限
重點很清楚	7 （考前一、兩週）「終極剔除」並做最後整理	（考前一、兩週）重點複習	重點不清楚
重點很清楚，心裡很篤定	8 （考前兩天）萬全準備，好整以暇	（考前一、兩天）重點複習	重點不清，心慌意亂

登上最高峰！

附錄 1

「多元素材重整寫作法」
307句名言佳句

黃蕙心等20人／撰寫

1. 天下難事，必作於易；天下大事，必作於細。（老子・道德經）

2. 仰不愧於天，俯不怍於人。（孟子）

3. 吾心信其可行，則移山填海之難，終有成功之日。（孫文）

4. 鞠躬盡瘁，死而後已。（諸葛亮）

5. 靜以修身，儉以養德。（諸葛亮・誡子書）

6. 先天下之憂而憂，後天下之樂而樂。（范仲淹）

7. 不要為成功而努力，要為做一個有價值的人而努力。（愛因斯坦）

8. 工欲善其事，必先利其器。（論語・魏靈公）

9. 業精於勤，荒於嬉；行成於思，毀於隨。（唐・韓愈）

10. 見賢思齊焉，見不賢而內自省也。（論語・里仁）

11. 精誠所至，金石為開。（漢・王充）

12. 盛年不重來，一日難再晨，及時宜自勉，歲月不待人。（陶淵明）

13. 仁人者，正其誼不謀其利，明其道不計其功。（董仲舒）

14. 道德常常能填補智慧的缺陷，而智慧卻永遠填補不了道德的缺陷。（但丁）

15. 吾日三省吾身：為人謀而不忠乎？與朋友交而不信乎？傳不習乎？（曾子）

16. 天不生無用之物，地不長無用之草。（俗語）

17. 敬人者，人恆敬之；愛人者，人恆愛之。（孟子）

18. 要散發光和熱，生命才有意義。（證嚴法師）

19. 生命像一股激流，沒有岩石和暗礁，就激不起美麗的浪花。（羅曼·羅蘭）

20. 哪裡有天才？我是把別人喝咖啡的工夫都用在工作上而已！（魯迅）

21. 百善業為先，萬惡懶為首。（梁啟超）

22. 天將降大任於斯人也，必先苦其心志，勞其筋骨，餓其體膚，空乏其身，行拂亂其所為，所以動心忍性，增益其所不能。（孟子）

23. 千里之行，始於足下。（老子）

24. 己所不欲，勿施於人。（孔子）

25. 人生自古誰無死，留取丹心照汗青。（文天祥）

26. 身可辱，家可破，國不可亡。（陳之藩）

27. 無論黑夜怎樣悠長，白晝總會到來。（莎士比亞）

28. 讀書破萬卷，下筆如有神。（杜甫）

29. 由儉入奢易，由奢入儉難。（司馬光）

30. 天下之事，常成於勤儉而敗於奢靡。（陸游）

31. 天下興亡，匹夫有責。（顧炎武）

32. 天行健，君子以自強不息。（易經）

33. 舜何人也？予何人也？有為者亦若是。（顏淵）

34. 成功不是全壘打，而要靠每天的經常打擊出密集安打。（Robert J. Ringer）

35. 人生成功的祕訣是，當機會來到時，立刻抓住它。（班傑明·戴瑞斯李）

36. 過去的事已經一去不復返。聰明的人是考慮現在和未來，根本無暇去想過去的事。（英國·培根）

37. 要經常聽、時常想、時時學習，才是真正的生活方式。對任何事既不抱希望，也不肯學習的人，沒有生存的資格。（阿薩·赫爾帕斯爵士）

38. 堅其志，苦其心，勞其力，必有所成。（曾國藩）

39. 天時不如地利，地利不如人和。（孟子）

40. 凡事豫則立，不豫則廢。（禮記·中庸）

41. 不積跬步，無以至千里；不積小流，無以成江海。（荀子）

42. 人一能之，己百之；人十能之，己千之，果能此道矣，雖愚必明，雖柔必強。（禮記·中庸）

43. 人生不出售來回票，一旦動身，絕不能復返。（法國·羅曼·羅蘭）

44. 當你真心渴望某一樣東西，整個宇宙都會聯合起來幫助你。（保羅·科爾賀《牧羊少年的奇幻之旅》）

45. 智者不只發現機會，更要創造機會。（英國·培根）

46. 求木之長者，必固其根本；欲流之遠者，必浚其泉源。（唐·魏徵）

47. 利在一身勿謀也，利在天下謀之；利在一時勿謀也，利在萬世謀之。（格言）

48. 徒善不足以為政，徒法不足以自行。（孟子）

49. 苟正其身，於從政乎何有？不能正身，如正人何？（論語）

50. 金錢是無底的大海，可以淹死人格、良心和真理。（諺語）

51. 法令規章是我們辦事的準則，但絕不是推卸責任的藉口。（蔣經國）

52. 信心是命運的主宰。（美國‧海倫‧凱勒）

53. 才能是刀刃，勤奮是磨刀石。（諺語）

54. 若要人前顯貴，必先人後受罪。（諺語）

55. 願望只是美麗的彩虹，行動才是澆灌果實的雨水。（諺語）

56. 成功與失敗的分水嶺，可用五個字來表達——我沒有時間。（美國‧富蘭克林）

57. 古之立成事者，不惟有超世之才，亦必有堅忍不拔之志。（北宋‧蘇軾）

58. 夫君子之行，靜以修身，儉以養德，非淡泊無以明志，非寧靜無以致遠。（諸葛亮）

59. 社會是人群的集合體，而不是他們各自本身。（孟德斯鳩）

60. 學習知識要善於思考，思考，再思考，我就是靠這個方法成為科學家。（愛因斯坦）

61. 玉不琢、不成器：人不學、不知道。（禮記‧學記）

62. 讀一本好書，就像和幾世紀來最聰明的人對話。（笛卡兒）

63. 凡事都留個餘地，因為人是人，人不是神，不免有錯處，可以原諒人的地方，就原諒人。（李嘉誠）

64. 喜歡讀書，就等於把生活中寂寞的時光換成巨大享受的時刻。（法國作家‧莫泊桑）

65. 必須記住我們學習的時間是有限的。時間有限，不只由於人生短促，更由於人的紛繁。我們應該力求把我們所有的時間用去做最有益的事。（英國哲學家・斯賓塞）

66. 全世界什麼事情都很難控制，只有一個東西不需要天時地利人和，那就是自制力。（嚴凱泰）

67. 成功的人應像柳樹一樣，越壯大枝葉就越下垂、越謙虛，越不能忘本，還要有感恩和回饋社會的心。（張榮發）

68. 成功的力量，來自從一個失敗到另一個失敗，卻不喪失熱情。（邱吉爾）

69. 一個從未犯錯的人是因為他不曾嘗試新鮮事物。（愛因斯坦）

70. 一個人表現的優異或平庸，他們的差異與才華無關，而與行為習慣及基本原則有關。（管理學之父彼得・杜拉克）

71. 卓越的天才不屑走旁人走過的路，他尋找迄今未開拓的地區。（林肯）

72. 再大的夢想，只要分段去做，總有一天能達成；再小的夢想，如果都不行動，哪裡都到不了。（嚴長壽）

73. 我並不同意你的觀點，但我誓死捍衛你說話的權利。（伏爾泰）

74. 美好人生並不在於擁有物質的一切，把自己貢獻出去，才能找到生命的意義。（美國暢銷作家・華里克牧師）

75. 勿以善小而不為，勿以惡小而為之。（劉備）

76. 困境對於人們會產生不同的作用：正像炎熱的天氣，會使牛奶變酸，卻能使蘋果變甜。（林肯）

77. 廉則政清，政清則民服。（宋朝・蘇軾）

78. 一個人的價值，應該看他貢獻什麼，而不是取得什麼。（愛因斯坦）

79. 莫等閒白了少年頭，空悲切！（岳飛）

80. 坐這山，望那山，一事無成。（曾國藩）

81. 舜何人也？予何人也？有為者亦若是。（顏淵）

82. 吾心信其可行，則移山填海之難，亦有成功之日；吾心信其不可行，雖反掌折枝之易，亦無收效之期。（孫中山）

83. 弱者等待時機，強者創造機會。（居禮夫人）

84. 為什麼看見你弟兄眼中的刺，卻不想到自己眼中的梁木？（聖經）

85. 得志，澤加於民；不得志，修身見於世。窮則獨善其身；達則兼善天下。（孟子·盡心）

86. 莫見乎隱，莫顯乎微，故君子慎其獨也。（禮記·中庸）

87. 上下交相利，其國危矣。（孟子）

88. 富貴不能淫，貧賤不能移，威武不能屈，此之謂大丈夫。（孟子）

89. 為天地立心，為生民立命，為往聖繼絕學，為萬世開太平。（張載）

90. 本來無望的事，大膽嘗試，往往就能成功。（莎士比亞·維納斯與阿都尼）

91. 創意像未經琢磨的寶石，解決問題點能磨去礦石的雜質，重複數次磨去雜質的動作，最後才能成為璀璨的寶石。（Kanmi堂社長·末永卓）

92. 學而不思則罔，思而不學則殆。（孔子）

93. 見賢思齊，見不賢而內自省。（論語）

94. 天下興亡，匹夫有責。（顧炎武）

95. 生於憂患，死於安樂。（孟子）

96. 給我一個立足點，我就可以舉起地球。（阿基米德）

97. 俗人看眼前，賢哲看久遠。禍患常積於忽微，唯有智者慮及深遠。

98. 「反求諸己」是立身處事的根本立足點，倘日常生活時時自我反省、超越困境，當能逐步實現人之為人的本性與夙願。

99. 立身處世若能長期堅持言行一致，可以建立個人信譽；國家治事若能長期堅持政策一貫，則足以樹立施政方針。

100. 故歷來成大事者，不會墨守成規，畫地自限。

101. 只要秉持正道而行，不管榮辱都能無愧於心，坦然接受，就不會有「因物喜、因己悲」的情形了。

102. 人生就像一座山，重要的不是它的高低，而在於靈秀；人生就像一場雨，重要的不是它的大小，而在於及時。

103. 寬恕和體諒都是愛，讓我們一起把愛貢獻出來，給社會，給世界，給人間，使人間處處有溫暖，處處有溫情，處處都有愛。

104. 用美好的心靈看世界，總是用樂觀的精神面對一生，多一分自信，少一分失望；用美好的心靈看世界，總是用積極的態度面對生活，多一分感激，少一分抱怨；用美好的心靈看世界，總是用頑強的意志面對困難和挫折，多一分勇氣，少一分怯懦。

105. 如果你努力去發現美好，美好會發現你；如果你努力去尊重他人，你也會獲得別人的尊重；如果你努力去幫助他人，你也會得到他人的幫助。

106. 如果你失去了金錢，你只失去了一小部分；如果你失去了健康，你只失去了一小半；如果你失去了誠信，那你就幾乎一貧如洗了。

107. 尊重是一縷春風，一泓清泉，一顆給人溫暖的舒心丸，一劑催人奮進的強心劑。尊重別人是一種美德，受人尊重是一種幸福。

108. 成功是白天的太陽，那麼失敗就是黑夜中的星辰，沒有星辰的降落也就不會有太陽的升起，耀眼的太陽也會有被烏雲遮掉的時候。

109. 成熟的麥子低垂著頭，那是在教我們謙遜；一群螞蟻能抬走大骨頭，那是在教我們團結；溫柔的水滴穿岩石，那是在教我們堅韌；蜜蜂在花叢中忙碌，那是在教我們勤勞。

110. 書籍好比一架梯子，它能引導我們登上知識的殿堂。書籍如同一把鑰匙，它能幫助我們開啟心靈的智慧之窗。

111. 只有把握現在，才能在明天馳騁風雲；只有把握現在，才能充實虛幻的明天；只有把握現在，才能造就明天的輝煌。

112. 人生旅程並不是一帆風順的，逆境和失意會經常伴隨著我們，但人性的光輝往往在不如意中才顯示出來，希望是激勵我們前進的巨大無形的動力。

113. 培育能力的事必須繼續不斷地去做，又必須隨時改善學習方法，提高學習效率，才會成功。（葉聖陶）

114. 成功的信念在人腦中的作用就如鬧鐘，會在你需要時將你喚醒。

115. 障礙與失敗，是通往成功最穩靠的踏腳石。

116. 只有惜時如金，不虛度時光的人，才能擁有一個充實、無悔的人生。

117. 長廊將盡，希望在轉角；轉個彎，還是可以看到藍天。

118. 草木是靠著上天的雨露滋長的，但是它們也敢仰望穹蒼。

119. 接受學問的薰陶，就像呼吸空氣一般，俯仰之間，皆成心得。

120. 人不知而不慍，不亦君子乎。（論語・孔子）

121. 生命像流星一樣，終點並不重要，最要緊的是發光。

122. 學習要有三心，一信心，二決心，三恆心。

123. 困難裡包含著勝利，失敗裡孕育著成功。

124. 一寸光陰一寸金，寸金難買寸光陰。

125. 行遠必自邇，登高必自卑。（禮記‧中庸）

126. 只要工夫深，鐵杵磨成繡花針。

127. 良藥苦口利於病，忠言逆耳利於行。（孔子家語‧六本）

128. 「慈母手中線，遊子身上衣」說的是親情；「人生得一知己足，斯世當以同懷視之」說的是友情；「曾經滄海難為水，除卻巫山不是雲」說的是愛情；「苟利國家生死以，豈因禍福避趨之」說的是愛國情。

129. 人生似一束鮮花，仔細觀賞，才能看到它的美麗；人生似一杯清茶，細細品味，才能品出真味道。我們應該從失敗中、從成功中、從生活中品味出人生的哲理。

130. 帶著一顆快樂的心，你會處處感到快樂；帶著一顆寬厚的心，你會處處感到溫暖。人生難免遇到傷害，要勇敢、堅強地面對，它就會成為難得的財富。

131. 悲觀的人，先被自己打敗，然後才被生活打敗；樂觀的人，先戰勝自己，然後戰勝生活。

132. 一粒種子，可以無聲無息地在泥土裡腐爛掉，也可以長成寬闊大樹；一塊璞玉，可以平庸無奇地在石叢裡沉睡下去，也可以成為稀世珍寶。一個人，可以庸庸碌碌虛度光陰，也可以讓生命發出耀眼光芒。

133. 世間的事情往往是一分為二的。失敗雖然是人人不願得到的結果，但有時卻能激發人們堅忍的毅力；貧困雖然是人人不願過的生活，但有時卻能成為人們奮鬥的動力；痛苦雖然是人人不願經受的情感，但有時卻能造就人們剛強的性格。

134. 知識是一座寶庫，而實踐是開啟寶庫的鑰匙。生活沒有目標，就像航海沒有指南針。

135. 為學做人要以細水長流、愚公移山、龜兔賽跑的精神自強不息的學修，雖是笨人的方法，但一定能成功。

136. 一個人都要立志，都要有期待和準備，只有這樣，才能在面對困難的時候不會妥協，才能有所收穫，但在這個過程中要明白自己要做什麼、喜歡做什麼，這樣才有克服困難的勇氣和動力。

137. 人在身處逆境時，適應環境的能力實在驚人。人可以忍受不幸，也可以戰勝不幸，因為人有著驚人的潛力，只要立志發揮它，就一定能渡過難關。

138. 人之所以痛苦，在於追求錯誤的東西。不要自視甚高，也不要妄自菲薄，看清楚自己是什麼，要什麼。

139. 有時候，重要的不是一個人能付出多少，而是他願意放棄多少。

140. 一個勇者所處環境越是艱困，越是堅忍不拔，無畏於環境的磨練考驗，衝破難關，克服障礙，最後才能發光發熱，開闢出屬於自己的燦爛花園。

141. 人生的真諦與價值：並不在於追求名利地位、榮華富貴及物質欲望的滿足，而是在發出生命的光和熱，散發自己最大的能量，創造出滿分的人生。

142. 每個人一生中都應找一件正當的工作，不可好逸惡勞。不管任何工作都應發揮敬業精神，工作本無貴賤之分，正當工作都能對社會、人群有所貢獻，也能肯定自己的價值。

143. 努力工作就是活出自我的積極、具體表現。真正完美的人生，並不在於一時的功成名就，而是堅持自己的理想目標，不斷挑戰自我、創造自我、超越自我，從而活出自我的格調，活出自己璀璨的人生。

144. 享受人生並非榮華富貴，這是在耗損生命浪費人生。享受人生是享受自己努力工作的成就，享受自己不斷超越自我的喜悅，享受回饋社會、人群的滿足感。

145. 成功是人人夢寐以求的，每個人都希望在有生之年能成就一番學問或事業，以活出自我、服務人群、回饋社會，才不會枉度此生，而與草木同朽。

146. 一時的失意挫折，並非就是世界末日，天無絕人之路，環境越是橫逆，我們越要堅強勇敢地活下去，努力克服逆境，展現生命的韌性，為生命的意義下最好的註腳。

147. 凡是各級公務人員以及一般平民百姓，不但要有居安思危、防患未然的觀念，更要有慮事精微、臨事敬慎的智慧與態度，才能洞燭機先發現問題的癥結。

148. 現今的社會是多元的，資訊是瞬息萬變的，知識是爆炸的，若不能跟腳步前進，隨時隨地學習新知識、新觀念，其專業能力就會日趨低落，行政品質、工作能力就無法提升。是故，終身學習、累積學識，除了對各行各業的從業人員極為重要外，也是身為公務人員應有的自我要求。

149. 尊重別人是一把開啟和諧之門的金鑰，包容則是登上祥和天堂的階梯。必須善用這把金鑰打開人際間閉鎖的心扉，以高度的愛心包容周遭的人事物。

150. 學識與經驗，就像鵬鳥的雙翼，唯有雙翼發育平衡健全，才能一舉千里。也唯有將學識與經驗緊密結合，使其相輔相成，才能相得益彰，超越巔峰，成就非凡。

151. 人生的意義與價值，絕非只在追求高官厚祿，努力成就事業，為社會國家謀利造福，才是全力追求的目標。明白這層道理，那麼在做大事與做大官兩者之間，我們就知道應如何取捨抉擇了。

152. 生（生命），我所欲也；義（人格），亦我所欲也，二者不可得兼，捨生（生命）而取義（人格）者也。」（孟子）

153. 我們既然降生在世上，不論出生的環境是優是劣，都要努力扮演好
自己的角色，即使只是陪襯紅花的綠葉或是固定機器的小螺絲釘，
都有其不可或缺的價值與用途。

154. 身為公務人員，擁有執行公務的公權力，更應該「節儉知足」，才能
堅持廉潔的操守，保有崇高的人格，博得世人的尊敬與口碑。

155. 圖謀私利、見利忘義是人類的通病。當自己選擇擔任公務人員的時
候，就該認清其工作性質、職責，必須清心寡欲、勤儉自勵，做一
個奉公守法的公務員。

156. 凡是不懂得尊重別人的人，也必定不能以一顆包容忍讓的心去對待
別人。人際關係的疏離冷漠，社會充斥的暴戾之氣，莫不肇因於
此。

157. 公務員應該抱著「做善事、種福田、積陰德」的心態，秉持「眼
到、耳到、口到、心到、手到」的服務準則，主動積極深入民間，
進而盡心盡力協助需求、解決困境。

158. 社會充斥著脫軌失序的亂象，例如：上車插隊搶位置；不肖商人販
售黑心食品，罔顧民眾健康；問政上充斥語言暴力。

159. 身為公務員，切勿抹殺了自己的多元智慧與創造力，必須設法提高
自己的創造力與競爭力才能提升工作效率與服務品質。

160. 如此才能無私無我為人民提供最好的服務，為社會國家創造最大的
福祉，成為一個「仰不愧於天，俯不怍於人」的優質公務員。

161. 人生中都會經歷坎坷和挫折，挫折是成功的先導。那些沒有品嘗過
挫折的人，永遠體會不到成功的喜悅。那些沒有經歷過挫折的，人
生並不完美。真正有成就的人，都是在經歷了失敗和挫折之後才取
得輝煌成就。

162. 我們總是有很多美好的想法，卻因為害怕想像中的困難，而不敢邁出那一小步。我們停在困難面前的同時，也停在了美好的面前，空留下許多抱怨、嘆息與懊悔。須知，沒有比腳更長的路，沒有比人更高的山。只要方向是對的，就不怕路途遙遠。

163. 目標的堅定是性格中最必要的力量源泉之一，也是成功的利器之一。沒有它，天才也會在矛盾無定的迷徑中徒勞無功。

164. 在別人藐視的事中獲得成功，是一件了不起的事，因為它證明不但戰勝了自己，也戰勝了別人。

165. 每一日你所付出的代價都比前一日高，因為你的生命又消短了一天，所以每一日你都要更積極。今天太寶貴，不應該為酸苦的憂慮和辛澀的悔恨所銷蝕，抬起下巴，抓住今天，它不再回來。

166. 雖然我們無法改變人生，但可以改變人生觀。雖然我們無法改變環境，但我們可以改變心境。

167. 你的臉是為了呈現上帝賜給人類最貴重的禮物——微笑，一定要成為你工作最大的資產。

168. 每個人都是自己命運的設計師和建築師。要想有所作為，就不能等待幸運降臨。世界上什麼事都可以發生，就是不會發生不勞而獲的事。所以，與其等待運氣來敲門，不如主動出門去找他。

169. 「誠信」是立身行道的樞紐。青年守則說：「信義為立業之本。」尤其今天，社會結構非常複雜，社會分工極微細密，更需互信互賴、和衷共濟。

170. 好習慣是一個人在社交場合中所能穿著的最佳服飾。

171. 信心、毅力、勇氣三者俱備，則天下沒有做不成的事。

172. 任何行政措施，都必須與民眾相結合，以人民的利益為依歸。

173. 試想：我們成功的背後，有著多少人的心血，為此，我們能不時常懷著一顆感恩的心嗎？而且在感謝之餘，更應回饋社會，這才是做人最基本的道理！

174. 雖然不能預知人生的大戲何起何落，但可以決定演出的方式。

175. 民主可以說是一種生活方式。這種生活方式有幾項基本要素，即自由、平等與法治。它的特徵就是「尊重個人尊嚴」、「重視權利平等」以及「篤信自由價值」。

176. 在尋求真理的長河中，唯有學習，不斷地學習，勤奮地學習，有創造性地學習，才能越重山跨峻嶺。

177. 匱乏與不順遂的困頓是一種深刻體驗，生命是在回應您建立信心與肯定自我的意義！

178. 機會是留給準備好的人，成功是屬於最堅持的人。

179. 成功是優點的發揮，失敗是缺點的累積。

180. 不順利的逆境，要靠勇氣克服；不順意的人事，要用雅量包容。

181. 小事不馬虎，必有大成就，成功源自於小心，失敗來自於大意。

182. 一個人的快樂，不是因為他擁有的多，而是他計較的少。

183. 消極的逃避問題並不會使困境消失，倘若我們可以換一個角度想，困境即是轉機，困境的背後，隱藏著通往成功的階梯。

184. 因為人生不如意事十有八九，總是順境少，逆境多，人生的歷程，本來就是無數的戰鬥。

185. 機會是留給有準備而且永不放棄的人，成功需要不斷的堅持與努力。

186. 每天面對形形色色的民眾及不同任務的挑戰，若能快樂從容且積極對待每件人事物，相信一生是充實而值得。

187. 信念，可以讓人透過失望看到希望；信念，可以讓人從逆境中奮起；信念，可以讓人從失敗中走向成功。

188. 當遇到挫折、陷入困境時，只要心頭有一個堅定的信念，努力拼搏，就一定會渡過難關，取得成功。

189. 挫折成了砥礪人們意志的磨刀石，我們應當做一位生命的強者，堅強不屈，戰勝挫折，從而造就輝煌燦爛的人生！

190. 幸福不是一種狀態，而是一種心態，但寧靜的心靈和滿腔熱忱會彈奏出精采的樂章。

191. 先為別人的快樂著想，是超人；先為自己的快樂著想，是凡人；使別人不快樂，自己也不快樂的，是愚人。

192. 人活在世上，如果內心不愉快，無論到哪裡不感到憂愁呢？若內心坦蕩，不因外在環境紛擾傷了自己本性，那麼到何處不會快樂呢？

193. 有德君子做人處事，只論公正是非，而不論個人的利與害；只講是否順逆於情理，而不論成功或是失敗；講求能否流芳萬世，而不講一生的富貴。

194. 節儉，是一切德行共同的根本；奢侈，是各類罪惡中最大的問題。

195. 欲使樹木長得高大，一定要鞏固它的根本。想要讓河流流得遠，一定要疏濬它的泉源。引伸其意，即做任何事都要重視根本。

196. 法律，必須適應時事變化而有轉變，不必全然相同。道德，是人心的根本，不可不同。

197. 做事情不能盡心，就不能盡其力去完成；不能盡其力完成，便無法成功。

198. 歷史上許多可以成功而結果失敗的史例，歸納其原因，不外二種：第一是因為圖一時的苟安，而忘記了崇高遠大的理想。第二是因為滿足一時的享受，不能繼續艱苦的奮鬥下去。（蔣經國）

199. 做事情必定要有好的成效，想要追求好的成效，一定要採行各種方法。

200. 做事情是要盡自己之力，而不是埋怨別人；要反求自身，而不是苛責屬下。

201. 立定志向要堅定，而不要想躁進；成功要能持久，而不在速成。

202. 別人花一分力氣為學，我花十分力氣為學；別人花十分力氣向學，我花一千分力氣向學。如果真能實踐此精神，雖然本來愚笨，也能變聰明；縱使柔弱，也可以變強大。

203. 原則與道理沒有徹底弄清楚，則聽到許多言論就會感到疑惑。意志沒有先立定，則善念就很容易動搖。

204. 人不可以沒有驕傲的風骨，但不可以有驕傲的心。沒有驕傲的風骨，就會近於庸俗淺陋之人；有驕傲的心，便不能成為有德君子。

205. 每當人生面臨逆境之時，若選擇逃避或退縮，將失去創造命運的機會。不如將逆境視為成功的必經之路，勉勵自己不畏艱難的創造命運。

206. 成功是世人追尋的目標，但它絕不是建築在虛無縹緲的夢幻中；也不是唾手可得的夢想果實，而是循序漸進、按部就班，一路上披荊斬棘，突破重圍，才能邁向成功之路。

207. 蠟燭需要火苗，才能綻放光明；梅花需要寒冷，才能顯其堅忍；而我們正是需要學習，才能擁有智慧。

208. 因為有一步一腳印的耐心堅持，所以駑馬可以行千里之路；因為有工匠的日夜琢磨，所以璞玉可以散發溫潤的光芒；同樣的，有了堅持的恆心，再大的困阻也將成為踏在腳底的成功基石。

209. 人生的意義不是金錢利益的衡量，人生的目的也不是貪圖享樂的放縱，人生的價值是在於感恩與回饋的付出。

210. 人最難戰勝的往往是自己，只有了解自己，克服自己的弱點，超越自己的缺點，才能展現生命的精采。

211. 自由就像一部疾駛的列車，而法治就像軌道一般，列車如不在軌道上行駛，出軌則車毀人亡，自由與法治亦然。

212. 人生不免挫折，激勵自己將缺憾轉為動力、逆境視為希望的轉機，如此一來，挫折將會變成滋養我們生命最肥沃的膏壤。

213. 敬業與合群如同絲綢的經線與緯線，唯有經緯線綿密交織、緊密接合，才能編織出工奪造化的美麗彩綢。

214. 行政中立不應是號角響亮的政治祭儀，徒為政客擺弄的傀儡；行政中立更不是行政人員褊狹的墨守法規，為制度下冰冷的反應機制。

215. 行政中立猶如事務官之盾，依法行政猶如事務官之劍，故事務官需有盾之保護，方可配合所持之劍，穩步執行國家賦予之任務。

216. 逆境是向成功之路的必經過程，正如黎明前總是黑暗，處於逆境中更能了解真正自我，不隨波逐流，以樂觀、積極進取的人生觀突破逆境。

217. 雖然耕耘的過程是苦澀的，但所擷取的果實是甜美的，若不是在苦中求甘，如何能嘗出甜美的真滋味，是故要怎麼收穫，就要怎麼栽。

218. 生命可以積極開創出絢麗多彩，也可以消極度日黯淡無光，想要多寬遠的未來，皆取決於態度的使然。

219. 河有兩岸，事有兩面，在人生的旅途中，當逢絕境時，有時換個角度思考，從問題的另一個方面去著手處理，往往都能絕處逢生，發現其他可行之道。

220. 有了遠大的志向，才能不畏艱難堅持下去，而不間斷的努力方是開啟成功的鑰匙。

221. 黑暗再怎麼悠長，白晝總會到來；暴風雨再如何肆虐，雨過天青亦可期待。正如人生的道路，無論有多麼的崎嶇，遭遇多少挫折，只要心存希望，總會有平穩順遂的一天。

222. 學習乃是時時刻刻不敢怠惰，虛心求教才不致面臨書到用時方恨少的窘境。

223. 看似阻擋去路的牆，卻是人生試煉石，讓人生更加散發光芒。

224. 任何外在的利欲誘惑，都無法撼動一顆廉潔自律的心。

225. 一本好書就像一艘船，帶領我們從狹隘的地方，駛向無限寬廣的海洋，得知人生之廣、世界之大、心靈之寬、學問之闊。

226. 世界上最特別的橋，最令人感動的橋，不是橫渡滔滔江水的大橋，也不是跨越山巒疊翠的吊橋，而是存在於人心中那座溝通交流的橋。

227. 誕生的生命如同白紙，需透過本體的刻畫和揮灑，才能造就出作品。隨人所用的工具、色彩、觀察均有所異，呈現出的風貌亦別具韻味。

228. 千里馬需要伯樂的賞識，才能脫穎而出；鑽石需要工匠的精湛琢磨，才能顯現光芒；知識學問需要透過正確運用，才能產生力量，幫助世人。

229. 奉公守法，則政府依法行政，人民不違法亂紀，真正治理國家的理想才得以實現。

230. 為政者，若能洞察得失關鍵，並預先謀略擘畫，必能化禍患於無形。

231. 依法執行是公務員行事的圭臬，倘若沒有法律授權，就失去了準繩，其行為恐有瑕疵偏頗之虞，政府公信力即喪失。

232. 法治貴在實踐，若嚴於立法，而不能充分實行，亦無助法治社會建立。

233. 宇宙是一個發掘不盡的寶藏，而知識即是開啟此寶藏的唯一鑰匙。

234. 凡事不為常規所圍，真實的追求自我，不落俗套，人生活在世界上，一切皆有學問。

235. 古往今來，能夠在事業上取得成就的人是很多的，他們的成就都是掌握每一個當下。

236. 努力過今天一天很重要，無論樹立怎樣大的目標，如果不認真面對每日的工作，不累積業績，就不可能取得成功。

237. 知足常樂，不等於安於現狀，而是懂得取捨，也懂得放棄。

238. 企業只有真正遵循市場競爭的規律，固守道德和法律的底線，才能創造出成功的企業。

239. 腳踏實地把握好今天，才是面對人生最正確的態度。

240. 成功是在於一天一天的日積月累中取得。

241. 把挑戰當作指南針，失敗當作試金石，當你走過一段生命的歷程，再回過頭來常常會使人發現真理。

242. 用無私的眼光來看待事情，才會豁然開朗，問題才會突然出現簡單的解決方式。

243. 若要做出正確的決定，一定要以真誠的生命哲學作為行事的尺規。

244. 就像奧運帆船選手提醒我們的那樣，只要有正確的策略，我們都可以逆風前行。

245. 一步一步踏實的累積努力，積少成多的效果往往是突然顯現，某天，突然間像是按到什麼開關似的。

246. 成功沒有祕訣，就是在行動中嘗試、改變、再嘗試……直到成功。有的人成功了，只因為他比我們犯的錯誤、遭受的失敗更多。

247. 許多事情表面上很難，但從其背面來看卻是如此容易，學會換個角度去看待問題，眼界就會變得越來越開闊。

248. 耐心和容忍是成功所必備的德行，一個人具有的美德，不是靠外在的偽裝，而是從細微中展現出來。

249. 所謂：「一勤天下無難事。」任何艱難險阻，都會因為「勤勞」而化為烏有；任何成功事業，也都會因為「打拚」而更加甜美。

250. 唯有透過對外在事物的明察與內在自身的反省，才能使我們不斷地成長與進步。

251. 明察即是具有敏銳的觀察力，能洞見萬事萬物的本質；明察能使我們穩握勝算，掌握全局。

252. 成功固然好，失敗又何妨！最難過的是既沒有成功過，也沒有失敗過，不知怎麼就把一輩子的歲月過完了。（王鼎鈞）

253. 無論得意或失意，內省都可以將所有的經驗化為更上一層樓的動力。

254. 廉潔是我們的責任，是自律的指標，更是一種不懈怠的意志與最基本的品德要求。

255. 明察使人掌握先機，而內省則有助於檢討錯誤，使人不再重蹈覆轍。

256. 一個人內心的思想可以決定所要成就的事及方向，所謂：「態度決定一個人的高度」。

257. 唯有敬業與合群兼籌並顧，我們才能成功地達到工作的目標，更有信心地朝著成功之路一步步前進。

258. 學習是進步的基礎，是成就人生的根本。萬物各有所長，人捨知識，則無一能及。

259. 學習與創意正是該相輔相成，有知識方能產生新的能量，為世界做出改變。

260. 堅持乃是源於責無旁貸的使命感、內心堅定的信念，以及對真理的追求與服膺。

261. 公務與人情相輔相成，必須取其平衡，方能促進國家安定與人民福祉。

262. 不論是古代商鞅變法助秦一統天下，或是現今安定的法治國，無不建立在一個健全法治的基礎上。

263. 設身處地的為百姓謀福利，其兼顧公務與人情，使其並重且融通協調，正是公務員依法行政的最佳典範。

264. 最有希望的成功者，倒不是有多大才幹的人；卻是最能善用每一時機去發掘開拓的人。（蘇格拉底）

265. 勇於挑戰生命的挫折與波濤，才能繼續擴大自己的視野，而完成自己的夢想及目標。

266. 我們不應畫地自限，唯有大膽嘗試，接受挑戰，才能更向上攀到生命的高峰。

267. 海洋是世界最寬闊的東西，比海洋更寬闊的是天空，比天空更寬闊的是寬容的胸襟。

268. 一個人最值得驕傲的，不是他的成功，而是他面對挫折的勇氣與努力。

269. 生命的步調可以自己掌握，生活的方向可以自己決定，生命的難關也有勇氣跨越。

270. 有了實踐的工夫，崇高的理論或道德，才能成為你我處事為人的準繩圭臬。

271. 省思過後的改變中，我們才能昂首闊步，共同走向光明且充滿希望的明天。

272. 行政中立的精神，在行政機關與人民的互動中獲得了實際的落實，而非徒具形式的口號。

273. 行政人員依法行政的準繩外，更應闡揚行政中立實質規範的內涵，作為人民的標竿。

274. 成功不在於快或慢，而在腳步不停。

275. 機會從不敲第二次門。

276. 凡是含淚播種，必能歡笑收穫。

277. 為成功找方法，不為失敗找藉口。

278. 魔鬼藏在細節裡。（鴻海董事長郭台銘）

279. 「命運」是失敗者發明的詞彙。

280. 愛你的敵人，他將為你帶來無法想像的贈禮。

281. 怠惰，事事困難；勤勞，事事容易。（美國政治家‧富蘭克林）

282. 樹的方向由風決定，人的方向由自己決定。

283. 勤勞是窮人的財富，節儉是富人的智慧。

284. 一個缺口的杯子，換一個角度仍然是圓的。

285. 上帝賣所有的東西，代價是你所付出的努力。（達文西）

286. 失足，你可以馬上站立；失信，你也許永遠難以挽回。（美國政治家‧富蘭克林）

287. 最困難之時，就是我們離成功不遠之日。

288. 只有在天空最黑暗的時候，才看得見星星。

289. 人生就是奮鬥，在最悲傷的的時刻，不能忘記信念；最幸福的時刻，不能忘記人生的坎坷。人生不是鋪滿玫瑰花的途徑，每天都是奮鬥。

290. 或許，人生並不都是那麼艱難；或許，簡單的東西也會讓人感到快樂，天堂和地獄的區別在於你同誰在一起；當你同喜歡的人在一起，一碗簡單的麵條也會變成世上最美味的佳餚。

291. 百米短跑，需要衝勁；萬米長跑，需要耐力。求知，不僅需要有百米短跑的衝勁，去掃除一個又一個的攔路虎；又需具有萬米長跑的耐力，去長期地一點一滴地累積知識。

292. 我以前總覺得，隨波逐流的人不夠勇敢，可是我後來才發現，真正勇敢的人是隨波逐流當中不迷失自己的人。

293. 不要因為理想遙遠而放棄，理想是因為我們放棄才遙遠。

294. 當我們搬開別人腳下的絆腳石時，也許恰恰是在為自己鋪路。

295. 請記住，阻擋你的障礙必有其原因。這道牆並不是為了阻擋我們，而是讓我們有機會展現自己有多想達到這目標。這道牆，是為了阻擋那些不夠熱愛的人而存在的。

296. 別太在意其他人做些什麼，你唯一的競爭對手就是自己。努力讓每天的自己都比前一天更進步吧！

297. 順境也好，逆境也好，人生就是一場對種種困難無盡無休的鬥爭，一場以寡敵眾的戰鬥。（泰戈爾）

298. 你應該盡量發揮自己的才能，千萬不可依人做嫁，去做別人的尾巴。（莎士比亞）

299. 涓滴之水終可磨損大石，不是由於它力量強大，而是由於晝夜不捨的結果。（德國‧貝多芬）

300. 在天才和勤奮之間，我毫不猶豫地選擇後者，它幾乎是世界上一切成就的催生者。（愛因斯坦）

301. 噴泉的高度，不會超過它的源頭，一個人的事業也是如此，它的成就，絕不會超過自己的信念。（美國‧林肯）

302. 真正的失敗，是你放棄再嘗試的機會，你把失敗當作結局，停止繼續努力。（杏林子）

303. 先天環境的好壞，不足喜亦不足憂，成功的關鍵完全在一己的努力。（王永慶）

304. 一個真正的治國者，追求的不是他自己的利益，而是老百姓的利益。（柏拉圖）

305. 天下事有難易乎？為之，則難者亦易矣；不為，則易者亦難矣。（清‧彭端淑‧為學一首示子姪）

306. 法律是社會正義的最後一道防線。（西諺）

307. 法律絕非一成不變的，相反地，正如天空和海洋因風浪而變化一樣，法律也因情況和時運而變化。（德國‧黑格爾）

附錄 2
各相關資源（網站）應用篇

符國惠、孫國維／編撰

1. 名稱：考試院考選部

網址：http://www.moex.gov.tw/

所有國家考試的最新資訊（考試期日計畫表）、考選法規、考選統計、試場規則、考古題等，都可以在這裡找到。特別的是，當你不知道自己可以考哪些國家考試時，可以在網站首頁左列的分類選單中的「應考人專區」找「應考資格查詢」，即可查詢自己可以考哪些國家考試！

2. 名稱：批踢踢國考板

網址：telnet://ptt.cc

PTT國考版是台灣最大的國考網站，是挑戰國家考試的必讀經典。收錄了超過一萬篇有關如何準備國家考試的文章，內容包括各科目的準備重點，工具書、補習班、參考書的選擇，高考、普考、國營事業考試、地方特考等；這裡也是許多考生交換彼此心得、吐苦水的地方。考生可利用BBS替代登入Ptt瀏覽，或改從網頁版http://www.ptt.cc/bbs/Examination進入。

3. 名稱：公職王

網址：http://www.public.com.tw/

補教業界志光集團所屬網站，除了提供其補習班課程資訊與報名管道之外，還有最新考情、各類考試統計資料等。網站中各個考試的介紹，除了有考試時間與資格、考試科目與成績計算、歷年錄取名額，還有分發與工作內容、證照加計標準、投考組合分析等，非常詳盡。

4. 名稱：百官網

網址：http://byonr.tbk.com.tw/

輔考機構，專門針對「工／商科高普特考、國營事業」的考生。網站裡有各種考情資訊，如考古題、最新考情、各類考試統計資料、考取經驗談等。在網站首頁右上角有公職國營考試倒數計時，很貼心的提醒考生要把握時間。

5. 名稱：青草茶的部落格

網址：http://www.pixnet.net/blog/profile/htea

已考上七個公職工作的劉德彬，為了分享自己的經驗給尚在奮鬥中的國考考生們，所架設的個人部落格。有許多國家考試公文寫作實戰解析的分享，公文的組成、格式、版面的配置等，網站裡有非常詳盡的分析。

6. 名稱：數位男女國考版&法律討論區

網址：http://bbs.mychat.to/thread.php?fid=530

知名論壇網站的國家考試專用討論區。想獲得完整的討論權限，請先註冊成為會員。此網站分為三個論壇：法律討論、考取＆現職甘苦談，以及解惑專區。

7. 名稱：MYSUPER達人村

網址：http://mysuper.com.tw

以國家考試為中心的討論區，首先要登錄為網站會員才能看到內容。諸如：讀書計畫表、增強記憶法、如何做筆記、國考榜首的心得與考上方法、國考作文達人、釋字修法新聞等，許多豐富的國考資源分享。

8. 名稱：全國法規資料庫

網址：http://law.moj.gov.tw/

政府設置的法規資料網站，可查詢最新、最完整的法規資料，從施行日期、

法規沿革及相關細則都有，是國考考生們不可錯過的工具型網站。

9. 名稱：雨木木十十方國家考試題庫網

網址：http://itempool.rwwttf.tw

收錄93～102年所有考科的考題試卷（pdf檔），可說是所有考古題 all in one，必須要註冊才能使用，測驗部分的考題正逐一建構中，如果想要測驗，您可依教學文來進行建立該試卷的測驗題目。可以擺脫厚厚的考題書，只要一機在手，考古題庫就跟著走。

10. 名稱：監所（警察）太平隨意窩部落格

網址：http://blog.xuite.net/alex7018168/twblog

此部落格大部分針對監所管理員（監獄官）的考試，站長秉持著公益精神回饋社會，協助廣大考生金榜題名，有許多錄取心得、筆記資料，幫助考生解決考試上的問題。有許多考生福利文章、觀摩學習別人如何金榜題名，以及讀書考試小技巧學習如何順利上榜。還有不定期舉辦雲端讀書會並有錄音檔分享。

11. 名稱：阿摩線上測驗

網址：http://yamol.tw/main.PhP

目前規模最大的線上測驗網站，提供公職考試相關的題目；另外還提供測驗、行事曆、讀書會等相關功能。

12. 名稱：國考就靠心智圖

網址：http://mindmapexam.wordpress.com

一個針對心智圖如何應用於國家考試的網站，教導使用者如何利用心智圖法，整理並有效記憶國家考試所需的龐大資訊。

13. 名稱：行政院公報資訊網

網址：http://gazette.nat.gov.tw/egFront/index.jsp

提供行政院 七大類型政策的有關法規、行政規則、公告及送達、處分的相關資料：

（1） 綜合行政

（2） 內政

（3） 外交、國防及法務

（4） 財政經濟

（5） 教育文化

（6） 交通建設

（7） 衛生勞動

14. 名稱：國家發展委員會檔案管理局

網址：http://www.archives.gov.tw/Default.aspx?c=4

收藏大量的國家檔案資料。

15. 名稱：國立公共資訊圖書館電子資料庫

網址：http://edb.nlpi.edu.tw/SSO/TERM/pages/resourceUserMain.jsp

收藏大量的學術資料。

附錄 3
金榜題名者實戰心得篇

甘珮瑜（102年研究院考試榜首及102年高考教育行政）／撰

跟您分享半年內連過三榜的小祕密：

一、平時的讀書方法

（一）書籍的挑選

1. 以一本淺顯的書建立觀念

2. 採一本書主義（考用書）

3. 專書的閱讀（補足考用書不足，參考二至三本出題老師的書）

（二）筆記的製作

1. 上課筆記課堂上就要完成（不要浪費時間再謄一次筆記）

2. 考古題筆記最花時間，但非常重要（一次三本書，把上課筆記也納入）

3. 期刊、專書也整理成申論題筆記（考古題及專書、期刊筆記都可分工合作）

4. 善用讀書會的方式找到分工的夥伴（志同道合三至六人，信任、不藏私）

（三）讀書時間分配

1. 一天三科輪流讀（記憶、理解交錯）

2. 把時間切成早午晚時段，每時段三至四小時

3. 一天最少讀九小時，考前十至十二小時

4. 安排讀書進度（以月、週、天為單位）

5. 把時間量化

6. 按部就班執行讀書計畫

7. 非全職考生更要做好時間管理

（四）考科策略

1. 高考的準備方法

　（專攻專業科目、勇於面對弱科；共同科目把握公文、作文、
　憲法的分數）

2. 普考的準備方法

　（盡量每科兼顧，把握選擇題、法科及計算）

3. 教師甄試的準備方法（先拿到門票，複試全力衝刺教學）

4. 以考題類型擬訂作戰計畫

二、考題類型的準備

（一）選擇題：選擇題有正確答案，千萬要減少失分

1. 用閱讀的方式熟悉出題的類型（抓出考試出題的模式，若能
　動筆寫過更好）

2. 地毯式抓題（設定一頁需要多少時間，地毯式抓題，一個都
　不放過）

3. 落實剔除法（剔除五至十次，直到考前全部都記住了）

4. 勤練考古題（讀完一星期再寫考古題，直接印 A4 的考卷增加真實感）

5. 善用補教名師程薇教授的盲點偵測本製作方法（把錯的題目集結到活頁筆記本成為盲點偵測本，閱讀時一樣用神奇剔除法）

（二）申論題：申論題答題重視系統性和邏輯性，留意細節更能擄獲閱卷老師的心

1. 有系統的整理考古題（按考選部出題大綱分類）——101年高考教育行政榜首提供

2. 製作歷年考古題筆記（分工合作 vs. 單打獨鬥）

3. 讀考古題的方法：先閱讀，再記憶

4. 考古題的練習（寫幾張完整的練習題請老師批閱；熟記大小標，看到題目能夠默寫出大小標；計時練筆感及時間分配）

5. 幾個問號就有幾個大標

6. 每個大標之下三至五個小標

7. 大標之下的小標數目盡量相同

8. 結語加上省思、批判、最新趨勢

9. 力求表面效度，但內容的敘寫質比量重要

10. 沒看過的題目要花更多時間答題

11. 審題時先做大小標草稿

12. 創造自己的答題SOP流程

13. 參加各種考試作為練筆增加臨場感

14. 保持對時事、最新的專書、期刊的敏感度

三、額外制勝小撇步

（一）心理戰

1. 製作榜單（天天看，越看越真實，明年就能榜上有名）——
   101年高考教育行政榜首提供

2. 知己知彼，百戰百勝（了解考試規則、閱讀考試方法的書、
   參考上榜者心得分享和分數）

3. 留意最新資訊（報考人數、錄取人數、增額錄取名額、預定
   職缺）

4. 成為上榜常勝軍（練筆、練筆再練筆）

5. 為自己加油打氣（勵志小語、正向心理學、認知失調論）

（二）考用品

1. 透明軟墊（桌面平整好書寫，准考證乖乖不亂跑）

2. 打造自己的無敵考試筆（同一款、訓筆保證不斷水、適當粗
   細、黑藍筆墨）

3. 手錶（清楚、數字大的圓形手錶）

4. 隨身小包及大書包（隨身小包放筆記大補帖；大書包書籍按
   考科順序排好）

（三）健康

1. 規律作息，早睡早起

2. 適當休息及充足營養

3. 聰明挑選幫助考試食物——補教名師程薇老師提供

- 少吃起司、乳酪、奶酪（擾亂神經傳導）
- 多吃鮭魚、牛奶、適量蛋白質（幫助記憶）
- 洋甘菊茶（安神助眠）
- 腸胃不適少吃豆類、十字花科、麵包
- 考試當天的飲食：雞精、香蕉、水、茶（帶現成、方便食用的東西；午休）

（四）與時間賽跑

1. 善用零碎時間（錄音檔、無線耳機、小卡、默想、背各科自製筆記大表）
2. 善用智慧型手機
3. 減少時間的浪費（但仍要適度放鬆）
4. 考前時間彌足珍貴（考前一週、考前三天、考前一天、考試當天、鐘響前）
5. 一張筆記大補帖隨拿隨看
6. 做好知識管理與分享（電腦檔案管理、讀書會的資訊交流與分工）

金榜題名之後，要回饋社會、感恩過程中幫助過自己的每一個人，別忘了還要廣結善緣，盡可能幫助其他人，讓自己有機會成為別人生命中的貴人；天助自助者，考場上的好運氣來自平常實力的累積。最後，也是最重要的一點，一定要對工作充滿熱情，莫忘初衷！共勉之！

國家圖書館出版品預行編目（CIP）資料

考典（精華攻略版）／陳膺宇著.
— 初版. — 臺北市：商周出版：家庭傳媒
城邦分公司發行, 民107.10
　　　面；　　公分

精華升級版

ISBN 978-986-477-542-2（平裝）

1.考試　2.學習方法　3.讀書法

529.98　　　　　　　　107016171

考典精華攻略版

作　　　　者／陳膺宇
責 任 編 輯／張曉蕊
特 約 編 輯／Monica
校 對 編 輯／呂佳真
版　　　　權／黃淑敏
行 銷 業 務／王瑜、莊英傑、周佑潔

總　編　輯／陳美靜
總　經　理／彭之琬
發　行　人／何飛鵬
法 律 顧 問／台英國際商務法律事務所
出　　　版／商周出版
　　　　　　台北市中山區民生東路二段141號9樓
　　　　　　電話：（02）2500-7008　　傳真：（02）2500-7759
　　　　　　E-mail：bwp.service@cite.com.tw
發　　　行／英屬蓋曼群島商家庭傳媒股份有限公司　城邦分公司
　　　　　　台北市中山區民生東路二段141號2樓
　　　　　　電話：（02）2500-0888　　傳真：（02）2500-1938
　　　　　　讀者服務專線：0800-020-299　　24小時傳真服務：（02）2517-0999
　　　　　　讀者服務信箱：service@readingclub.com.tw
　　　　　　郵撥帳號：19833503
　　　　　　戶名：英屬蓋曼群島商家庭傳媒股份有限公司　城邦分公司
香港發行所／城邦（香港）出版集團有限公司
　　　　　　香港灣仔駱克道193號東超商業中心1樓
　　　　　　電話：（852）2508-6231　　傳真：（852）2578-9337
　　　　　　E-mail：hkcite@biznetvigator.com
馬新發行所／城邦（馬新）出版集團
　　　　　　【Cite（M）Sdn.Bhd.（458372U）】
　　　　　　11, Jalan 30D/146, Desa Tasik, Sungai Besi,
　　　　　　57000 Kuala Lumpur, Malaysia
　　　　　　電話：（603）9056-3833　　傳真：（603）9056-2833

內 文 製 作／黃淑華
印　　　刷／鴻霖印刷傳媒有限公司
總　經　銷／聯合發行股份有限公司
　　　　　　電話：（02）2917-8022　　傳真：（02）2915-6275

■ 2018年（民107）10月初版
■ 2018年（民107）11月初版1.8刷
ISBN 978-986-477-542-2

（Printed in Taiwan）

城邦讀書花園
www.cite.com.tw

定價380元